D1674782

rote Tour - 2008: Im Land der Märchen aus 1001 Nacht
grüne Tour - 2011: Im Land der vier Jahreszeiten
blaue Tour - 2013: Von Persien bis Iran

VORWORT

Erzähl deinen Freunden, dass du in Iran Urlaub machen willst und du wirst Reaktionen von ihnen erfahren, die dich schmunzeln lassen. Denn die Fragen ähneln sich: "Iran – ist das nicht gefährlich?", "Schöne Grüße an Osama Bin Laden.", "Kann man da Urlaub machen?", "Müssen wir schon anfangen, Lösegeld für euch zu sammeln?" Und, und, und...

Vorurteil über Vorurteil! Geschuldet einer einseitigen Berichterstattung in Presse, Rundfunk und Fernsehen über Iran. Einer Politik, die Amerika hörig ist, die so mancher deutschen Firma Angst vor Investitionen in Iran macht. Aber auch einer Politik, die nicht die Herzlichkeit der Iraner, die Schönheit des Landes darstellt, die einem souveränen Staat verbietet, Atomenergie friedlich zu nutzen, die den Islam mit islamistischen Extremisten gleichsetzt.
Doch mal ganz ehrlich: Es ist noch nicht so lange her, da hätte ich vielleicht dieselben Fragen gestellt, wenn ich im Jahr 2003 nicht eine neue berufliche Aufgabe erhalten hätte, wenn die Länder, die ich zu betreuen bekam, nicht vorwiegend islamische gewesen wären. Irgendwann habe ich angefangen, mich für die Kultur, und die Mentalität der Menschen aus diesen Ländern zu interessieren und kam nach und nach auch mit ihnen ins Gespräch.

Ein Zufall wollte es, dass mein Mann und ich zu einer Teestunde beim iranischen Generalkonsul in Hamburg geladen wurden. Das Gespräch war sehr herzlich und offen. Allerdings blieb eine Frage aus dieser Unterhaltung im Gedächtnis haften: "Würden Sie denn auch Urlaub in Iran machen?" Die spontane Antwort lautete: "Warum nicht?"

Blick auf Teheran vom Fernsehturm

WARUM NICHT NACH IRAN?

Dieses „Warum nicht?" war der Auslöser dafür, sich mit dem Land Iran näher zu befassen. Ich bemühte das Internet und fand heraus, dass im Altpersischen der Begriff „Iran" „Land der Arier" und Arier "Söhne der Sonne" bedeutet.

Bereits in der Frühgeschichte hat der Iran eine Hochkultur besessen. Heute zählt die Islamische Republik Iran etwa 77 Millionen Einwohner, von denen 60% Perser, 22 % Aserbaidschaner, 9 % Kurden, 2% Araber und weitere ethnische Volksgruppen wie Luren, Bakhtiari, Belutschen, Armenier und andere sind.

Die iranische Staatsreligion ist der Schiitische Islam. Das war nicht immer so. Bevor mit der Saffawiden-Dynastie der Islam als Staatsreligion gewählt wurde, glaubten die Menschen an Zarathustra, der die Einigkeit des guten Denkens, guten Redens und guten Handelns in den Mittelpunkt des Lebens stellte. Heute werden religiöse Minderheiten wie Christen und Juden in Iran toleriert, haben Vertreter im Parlament und auch entsprechende Gebetshäuser.

Das Land umfasst eine Fläche von 1.648.195 Millionen Quadratkilometern und ist damit fünfmal größer als Deutschland.

Im Norden grenzt Iran an das Kaspische Meer und die zwei ehemaligen Sowjetrepubliken Aserbaidschan und Turkmenistan. Die östlichen Nachbarn sind Afghanistan und Pakistan. Im Süden wird Iran vom Irak und vom Persischen Golf begrenzt. Der Gipfel des Damavand, nordöstlich der Hauptstadt Teheran, bezeichnet den höchsten Punkt Irans mit 5.671 Metern über dem Meeresspiegel. Der 28 Meter unter dem Meeresspiegel gelegene tiefste Punkt Irans liegt im Kaspischen Meer.

Diese Gegensätze machen es möglich, dass man im Winter auf den Berghängen des Landes im Elburs-Gebirge vom Nordwesten bis Nordosten und im Zagros-Gebirge vom Nordwesten bis Südwesten Ski laufen und zur gleichen Zeit am Strand des Persischen Golfes schwimmen oder surfen kann.

Gesprochen wird überwiegend Farsi (Persisch) und die persische Höflichkeit und Hilfsbereitschaft werden kaum auf der Welt überboten. Da das alles wenig bekannt ist, hörten wir auch nur ganz selten, dass jemand sagte: "Oh, interessant! Persien soll ja wunderschön sein!"
Nach einigen Erklärungen, dass Iran nicht der Irak ist, dass es in Iran nicht mehr Attentate und Entführungen gibt als bei uns, dass in Iran das Wort Ausländer kein Schimpfwort ist wie in Deutschland, dass die Iraner herzliche und gastfreundliche Menschen sind, dass Persien eine Jahrtausende alte Geschichte hat und dass die Märchen aus 1001 Nacht dort geschrieben worden sein müssen, siegt die Neugierde über die Skepsis: "Wenn ihr wieder da seid, erzählt wie es war. Ihr macht doch sicher Fotos und einen Film. Das wollen wir sehen..."

Im Jahr 2008 machen wir unser Vorhaben zum ersten Mal wahr, reisen nach Mitteliran. Das Ergebnis: Der Virus Iran hat von uns Besitz ergriffen.
Drei Jahre lang haben uns dann die Eindrücke dieser ersten Iranreise in Bann gehalten. Wir haben unseren Film und das erste Buch allen Leuten gezeigt, die bereit und offen dafür waren, eine andere Wahrheit über das Leben in Iran zu erfahren als die, die uns durch die Medien vorgeführt wird. Und wir haben auch mit Menschen gesprochen, die so gar nichts über den Iran wussten oder wissen wollten. Bei so manchem konnten wir die weißen Flecke im Wissen über eines der interessantesten Länder dieser Erde mit Farbe ausfüllen.
Denn wer offenen Herzens und ohne Vorurteile nach Iran reist, der wird von der Vielfalt der Natur, von der jahrtausendealten Geschichte und nicht zuletzt von der Gastfreundschaft der Iraner begeistert sein

Immer wieder haben wir Fragen beantwortet, haben Iraner kennen gelernt, die in Deutschland leben und arbeiten. Und jedes Mal ernteten wir Staunen darüber, was wir damals alles in so kurzer Zeit gesehen haben.

Doch wir waren mit dem Gesehenen noch nicht zufrieden, denn wir wussten und wissen, dass Iran noch so viel Interessantes zu bieten hat, was wir noch nicht gesehen haben. Und so stand 2008 unser Entschluss fest, wieder nach Iran zu fahren, uns mehr Zeit zu nehmen, um das Land, die Kultur und das tägliche Leben der Iraner näher kennen zu lernen und um vor allem die so viel gepriesenen vier Jahreszeiten in Iran, dem Land der Märchen aus 1001 Nacht, zu erleben. Das taten wir im Jahr 2011.

Wieder stellten wir fest, da ist noch mehr. Wir fragten uns: "Wo ist die Wiege Irans, wo liegen die ältesten historischen Stätten?" Also machen wir uns 2013 erneut auf den Weg, fliegen mit Freunden nach Iran, leben in den Familien, finden sachkundige und nette Begleiter, steigen auf hohe Berge und überqueren Schnee bedeckte Pässe, um auch die grüne Lunge Irans, das Kaspische Meer, sehen zu können.

Und so ganz nebenbei stellen wir fest, dass wir fast alle Stätten in Iran gesehen haben, die von der UNESCO in die Liste der Weltkulturerbestätten aufgenommen wurden, wie den Golestan Palast in Teheran.

Golestan Palast

WAS FRAU WISSEN SOLLTE

Mit der Entscheidung, nach Iran zu fliegen und sich Land und Leute anschauen zu wollen, muss auch ich mich an einige Bekleidungsvorschriften halten, die für mich ansonsten nicht in Frage kommen: Kopftuch – ich habe mich für dünne Schals entschieden. Das muss reichen als Kopfbedeckung.

Langer Mantel bis etwa zu den Knien – auch hier mache ich einen Kompromiss mit einigen langen langärmeligen Blusen - zum Glück ist das gerade mal modern. Okay, mit Hosen und festem Schuhwerk habe ich kein Problem. Rückblickend muss ich eingestehen, dass ich meinen Ausländerbonus weidlich ausgenutzt habe. Meistens habe ich meine Blusenärmel bis zu den Ellenbogen gekrempelt und mein Kopftuch hat die Haare auch nicht vollständig versteckt. Es hat sich keiner daran gestört – jedenfalls hat man mir das nicht gesagt! Außerdem hat sich der Kopftuchzwang inzwischen zu einer eigenen Kopftuchmode entwickelt, so dass viele Tücher ein echter Hingucker sind.

WAS MANN WISSEN SOLLTE

Für Männer ist Iran denkbar einfach. Gut, kurze Hosen sind nicht erlaubt. Auch Händchen halten und Küsschen auf der Straße geht gar nicht – so stand es jedenfalls in einigen Hinweisen für die Reise nach Iran. Wir haben unseren Ausländerstatus getestet und sind Hand in Hand durch Teheran gelaufen – am Abend! In der Öffentlichkeit geküsst haben wir uns dann aber doch lieber nicht. Auch sollte Mann es lassen, Frauen auf offener Straße anzusprechen. Das stimmt zwar nur zum Teil, aber wenn Masoud oder unser Freund Salar nach dem Weg fragen, sprechen sie grundsätzlich Männer an. Und wenn wir irgendwo mit Kamera und Fotoapparat auffallen, sprechen mich auch nur Frauen an.

VOR DEN STARTS

Bereits 2008 begann ich, Persisch zu lernen, eine Sprache, die wie Musik in den Ohren klingt und bei der ich heute noch aufpassen muss, wenn ich sie höre, dass ich mich auf das Verstehen der Worte und nicht nur auf den Klang der Melodie konzentriere.

Seit dem lässt uns der Gedanke nicht los, erneut nach Iran zu fahren. Und so beraten wir mit unserem Freund, welcher Zeitraum dafür sinnvoll wäre und was wir uns unbedingt ansehen können und sollen.

Wir fragen iranische Bekannte und erhalten viele, viele interessante Hinweise, wo wir überall hin sollen und was wir unbedingt sehen müssen. Wir schreiben alles auf, machen einen Plan und stellen fest, dass die gedachten sechs Wochen kaum reichen werden. Unser Freund Salar sagt: „Ich organisiere alles in Iran, macht euch keine Gedanken." Die Zeit vergeht. Wir legen den Termin fest und buchen bei Iran Air im Jahr 2011 unseren zweiten Iranbesuch.

Bis zu diesem ist unsere Reiseroute nicht wirklich bekannt. Wir wissen, wo wir hin wollen. Aber wir wissen nicht, wann wir dorthin fahren oder fliegen und wo wir wohnen werden. Nun ja, das Wohnen ist klar, da uns die – wie sich herausstellen soll – recht große Familie unseres Freundes mit offenen Armen in ihren Wohnungen aufnehmen wird.
Genau dieser Punkt, dass wir bei für uns fremden Leuten wohnen sollen und das Wissen darum, dass es üblich und beliebt ist, wenn man zu Besuch oder von einer Reise kommt, kleine Geschenke mitzubringen, macht uns am meisten Kopfzerbrechen. Was nimmt man als Gastgeschenk für Menschen mit, die man nicht kennt? Welche Interessen haben sie? Was gefällt ihnen? Wen wir auch fragen, die Antworten bleiben schwammig. Nur eine Aussage lässt uns schmunzeln: Hauptsache, es ist aus Deutschland – Made in Germany.

Also kaufe ich für die Frauen Kosmetik und Lippenstifte, Parfüme und Schokolade. Für Salars Cousins Ramin und Omid haben wir eine bessere Idee. Als Ramin in Berlin war und wir mit ihm und unserer persischen Tochter Setareh unterwegs waren, lachte er am meisten über den in Persisch verkündeten Spruch meines Mannes: „Zendegi ghashange", was so viel heißt wie: „Das Leben ist schön". Alle Familienmitglieder wissen in Iran, dass Siggi immer sagt: „Zendegi ghashange!" So lassen wir diesen Spruch und die Umrisse der Landkarte Irans auf T-Shirts drucken und nehmen diese als Geschenke mit, außerdem eine große Bodenvase und Sachen für die persische Mama, wie Setareh sagt.

Mit zwei großen Koffern, einem kleinen als Handgepäck und der Bodenvase sowie unseren Foto- und Videotaschen machen wir uns auf den Weg nach Hamburg.
Pünktlich geht der Flieger in die Luft. Was uns nicht wirklich gegenwärtig ist, sind die Auswirkungen der Embargo-Politik gegen Iran. Wir müssen, um überhaupt in Teheran ankommen zu können, in Belgrad zwischenlanden und auftanken! Schnell setze ich noch eine SMS an Salar ab und schreibe ihm, dass wir eine Stunde später landen werden.

Im Jahr 2013 haben wir uns schon daran gewöhnt, bei völlig fremden Leuten zu Gast sein zu dürfen. Wieder nimmt uns die Familie eines iranischen Freundes herzlich auf. Wir wohnen beim Onkel und bei der Tante eines Freundes in Shiraz, die nicht mehr die jüngsten, aber noch flott auf den Beinen sind. Ein befreundeter Taxifahrer fährt uns wohin wir wollen.

Mausoleum von Ayatollah Khomeini

TEHERAN

Wie ein mit funkelnden Edelsteinen besetzter bis an den Horizont ausgebreiteter Teppich empfängt uns Teheran. Der Flug mit Iran Air ist angenehm, das Bordpersonal nett und das Essen bietet schon mal einen Vorgeschmack auf die Wochen in Iran.

Beim Zoll gibt es eigentlich keine Probleme, wenn man davon absieht, dass wir uns prompt an die Wartereihe anstellen, die am längsten bei der Abfertigung braucht. Wir sind die letzten, welche die Passkontrolle hinter sich lassen dürfen! Unsere Koffer kann ich gerade noch so retten, bevor wir eine längere Suchaktion starten müssen, da sie ein Flughafenmitarbeiter bereits vom Band genommen hat und wegbringen will, da alle anderen Koffer schon einen Besitzer gefunden haben.

Salar freut sich riesig, uns zu sehen. Wie 2008 ist das Auto für unsere Koffer eine Spur zu klein. Die meisten Taxen in Iran fahren mit Gas und haben den Tank im Kofferraum und damit kaum noch Platz für Gepäck. Macht nichts. Irgendwie bekommen wir dann doch alles unter oder besser auf das Dach des Wagens. Der Weg vom Flughafen Imam Khomeini kommt uns ein wenig vertraut vor. Es geht vorbei am Mausoleum von Ayatollah Khomeini ins Herz Teherans.

Der Taxifahrer hat ein Problem mit der Adresse. Er findet einfach den Weg nicht. Immer wieder telefoniert Salar mit Ramin. Sinnlos. Wir fahren irgendwie im Kreis und schleichen wie die Katze um den heißen Brei um die Häuser in den Straßen im Norden Teherans. Überglücklich kommen wir weit nach Mitternacht bei Ramin und Arezu an, die uns während unserer Aufenthalte in der Hauptstadt betreuen. Hier wird für die nächsten Ausflüge immer wieder unser Anlaufpunkt sein. Wir werden herzlich begrüßt und verstauen die Koffer in „unserem" Zimmer. Das ist eines von zwei kleineren, die gleich nebeneinander liegen.

Wohnung in Teheran

Betritt man iranische Wohnungen, so steht man meistens unvermittelt in einem großen, geräumigen Zimmer. Blickfang ist bei vielen Familien ein wunderschöner persischer Teppich. Um diesen herum sind Sitzmöbel und kleine Beistelltische je nach Geschmack und Geldbeutel angeordnet. Eine so genannte amerikanische Küche, die der Hausfrau viel Bewegungsfreiheit lässt, ist in diesen Hauptraum integriert. In jeweils einem separaten Raum untergebracht sind Toilette und Dusche.

Es gibt erst einmal typisch iranisches Abendessen mit Suppe, Reis, Joghurt, natürlich Fleisch und Kräutern. Trotz des Fluges und der doch sehr fortgeschrittenen Zeit sind wir zu unserer Verwunderung nicht besonders müde, aber gegen 3 Uhr reicht es dann doch.

Wohnung in Mashad

Das Herz Irans schlägt in der Hauptstadt Teheran. Die Millionenmetropole sprudelt vor Energie, jeden Tag sind Millionen von Menschen wie in einem großen Ameisenhaufen von einem Ort zum anderen unterwegs. Meistens mit dem Auto. Malerisch liegt Irans Hauptstadt am Fuße des Elburs. Das Gebirge kann man meistens nur erahnen. Mit 12 bis zeitweise 15 Millionen Einwohnern stößt die Stadt an ihre Grenzen. Obwohl ein Hochhaus nach dem anderen aus dem Boden wächst und die Stadt sich immer mehr in den Berg gräbt, reicht der Platz nicht aus. Stets ist Teheran in eine Dunstwolke gehüllt, die den Blick auf die malerischen Berghänge verschleiert. Immer herrscht Verkehrschaos.

In Teheran ist immer rush hour! Die Stadt sprüht vor Leben. Wobei - für einen relativ ordentlichen Mitteleuropäer ist das, was man im Orient Straßenverkehr nennt, stark gewöhnungsbedürftig.

Wozu Fahrbahnen markiert wurden – meist fehlen diese sowieso –, weiß wohl keiner. Denn es fährt, wer am lautesten hupt und am frechsten die Spur wechselt. Es grenzt an nicht nur ein Wunder, dass es nicht jede Minute kracht und einen Verkehrsunfall gibt. Abgebogen wird aus allen Spuren gleichzeitig. So drängeln sich dann mal fünf und mehr Fahrzeuge auf zwei Spuren zusammen. Okay, ein Blechschaden tut so manchem Vehikel, das sich hier als „verkehrstauglich" ansieht, auch nicht mehr weh. Gefahren wird alles vom Mercedes über Toyota Camri, 5er BMW, am liebsten Peugeot 205/206 bis hin zu Gefährten, von denen sich der TÜV schon lange getrennt hätte.

Auch für Fußgänger hat die ganze Sache etwas Abenteuerliches. Die wenigen vorhandenen Ampeln verbrauchen eigentlich nur unnötig Energie. Benutzt und beachtet werden sie so gut wie nie. So kommt neben hupen und gestikulieren aus dem offenen Wagenfenster auch noch hinzu, dass Menschen von einer Straßenseite auf die andere wollen.

Nach einer Woche intensiver Beobachtung wie man das bewerkstelligt ohne auf einer Kühlerhaube zu landen und nach einigen begleitenden Übungen haben wir die Methode begriffen: Bis vier zählen, loslaufen und ja keine Unsicherheit zeigen. Klappt! Jedenfalls hat es schon einen gewissen Unterhaltungswert, dieses verrückte Treiben zu beobachten und mitzuerleben.

Übrigens nicht nur in Teheran – überall das gleiche für uns nicht zu durchschauende und doch funktionierende chaotische System. Hat man sich erst mal an die Autos und deren Fahrstil halbwegs gewöhnt, verursachen Mopeds bzw. leichte Motorräder den nächsten Schock. Helm tragen ist Luxus. Dafür kann man mit so einem Gefährt gut eine ganze 5köpfige Familie transportieren. Eine Fahrt zu dritt ist übrigens immer drin!

Bei unserem dritten Iranbesuch hat sich ein neues Phänomen entwickelt: Radfahrer! Es ist schon lebensgefährlich, wie die Mopeds kreuz und quer unterwegs sind, aber ein Radfahrer in Teheran muss lebensmüde sein.

Wir stellen jedes Mal aufs Neue fest, dass die iranischen Autofahrer verrückt sein müssen. Immer wenn wir das einem dieser lebensmüden Taxifahrer mitteilen, ernten wir ein herzhaftes Lachen und die Bestätigung, dass es so ist.

Als wir uns einen internationalen Führerschein ausstellen lassen, habe ich den Hintergedanken, einmal in Teheran Auto zu fahren. Ich will nicht nur Zuschauer sein. Nein, ich möchte selbst erleben, wie das ist, sich hupend und von Spur zu Spur huschend durch die Teheraner Straßen zu schlängeln.

Ich habe es geschafft und bin in Teheran im größten Berufsverkehr gefahren. Resümee: Es ist faszinierend, gefährlich und ausgesprochen anstrengend und man müsste eigentlich vier Augen haben. Nämlich eines für vorn, eines für hinten und je eines für links und rechts. Wie das die Iraner täglich schaffen, weiß ich nicht. Aber das geht wohl nur, wenn sie ihre sprichwörtliche Höflichkeit beim Einsteigen in ein Auto vergessen. Denn so unhöflich wie im Straßenverkehr haben wir Iraner sonst nicht erlebt.

Sechst größter Fernsehturm der Welt - Borj-e Milad

BORJ-E MILAD

Der Blick aus unserem Fenster ist phantastisch. Vor unseren Augen erstreckt sich friedlich die 15-Millionen-Metropole. Als erhobener Zeigefinger ragt der vom Architekten Mohammad Reza Hafezi entworfene Borj-e Milad mit seinen 435 Metern Höhe weithin sichtbar aus dem Stadtbild Teherans nordwestlich des Zentrums im Stadtteil Gischa. Damit ist er der sechsthöchste Fernsehturm der Welt. Natürlich lassen wir es uns nicht nehmen, hinauf zu fahren, um über die Stadt zu sehen. Zwölf Stockwerke ist der Turmkorb hoch und damit mit einer Fläche von 12.000 m² der größte der Welt. Für seine Gäste bietet er mehrere Aussichtsplattformen und in 276 Metern Höhe ein Restaurant.

Wir haben Glück. Da es am Vortag geregnet hat, ist die Luft klar und damit auch die Sicht auf das sonst in eine Dunstwolke gehüllte Teheran gut. Im Norden stoppt das Elburs-Gebirge die Bauwut der Iraner. Noch immer liegt Schnee auf den Gipfeln.

Wie auf einer Spielzeugautobahn schlängeln sich die Autos auf den breiten Tangenten, welche die Stadt durchziehen. Soweit das Auge reicht, erstreckt sich ein endloses Häusermeer bis an den Horizont.

Zwei Jahre später ist der wundervolle Ausblick leider nur noch durch ein grobmaschiges Metallgittergeflecht möglich.

13

MUSEEN UND MOSCHEEN

Auf unserem Besichtigungsprogramm stehen der Sommersitz von Reza Schah, das Nationalmuseum, der Golestan-Palast und das Teppichmuseum. Die Eintrittspreise sind moderat. Wir zahlen im Jahr 2008 zwischen 30 Cent und 1€ Einritt pro Person.

Das ändert sich allerdings ein paar Jahre später. Durch die Sanktionen sind die Lebenshaltungskosten in Iran stark gestiegen und damit auch die Preise. Nur der Umrechnungskurs rettet uns, so dass es für Touristen immer noch relativ günstig ist.Da nicht zu verkennen ist, dass wir Touristen sind, verwickelt uns im Nationalmuseum eine Gruppe junger Studentinnen in ein Gespräch. "Woher kommt ihr? Was wollt ihr euch ansehen? Seid ihr verheiratet, habt ihr Kinder? Was seid ihr von Beruf?"

Im Verlauf unserer Reisen zeigt sich, dass sich die Fragen wiederholen. Hinzu kommt, dass mein nicht wirklich grammatiksicheres Persisch als Anfängerin arg strapaziert wird.

Nationalmuseum in Teheran

Fotografieren ist überall in den Museen erlaubt, ohne dass man dafür extra bezahlen muss. Nur beim Filmen mit Stativ haben die staatlichen Einrichtungen ein Problem. Irgendwie ist ihnen so viel Technik bei Touristen unheimlich...

Eines des ältesten historischen Denkmäler Teherans ist der Golestan-Palast, der Palast der Blumen. Er diente als offizielle Residenz der königlichen Familie und für wichtige Zeremonien wie der Krönung Mohammad Reza Pahlavis, des letzten Schah Irans.

Dass der Golestan-Palast so gut erhalten ist, verdankt er den in den letzten 400 Jahren durchgeführten Bau- und Renovierungsarbeiten. Im Jahr 2013 wird er in die Liste des UNESCO Weltkulturerbes aufgenommen.

Im Golestan-Palast

Den Palast des letzten Schahs Persiens – Mohammad Reza Schah – finden wir im Norden Teherans, dem Teil der iranischen Hauptstadt, der etwas höher liegt, angenehmer vom Klima ist und Iraner mit dem nötigen Kleingeld in modernen Wohnkomplexen beherbergt. Die Parkanlage ist wie alle Parks in Iran sehr schön gestaltet und gepflegt.

Sie enthält mehrere Gebäudekomplexe, welche von Familienangehören des Schahs bewohnt wurden. Wir durchwandern mit anderen Touristen die Wohn-, Schlaf-, Empfangs- und sonstigen Räume des letzten Monarchen Irans. In einem Zimmer finden wir Fotos von „alten Bekannten". Da stehen, neben anderen, Bilder von Hitler, Mao oder Breschnew einträchtig nebeneinander. In einem anderen Haus befinden sich die Räume des heute im Exil lebenden Sohnes Reza Schahs. Wir haben Mühe, die Räume zu betreten, da gerade Kindergartengruppen in das kleine Gebäude strömen.

Wir genießen die Kühle des Parks, in dessen hohen Bäumen viele verschiedene Papageienarten wohnen; ein Teehaus bietet Gelegenheit zum Ausruhen.

Wie schon so oft kommen wir mit vier jungen Frauen ins Gespräch. Es stellt sich heraus, dass drei der Frauen Schwestern sind und die vierte ihre Cousine. Alle vier sind Araberinnen. Wir erzählen, woher wir kommen und schnell haben wir den Grundkonflikt iranischer Frauen zum Thema: Kopftuch tragen! Die Cousine ist Tochter eines Mollas (Koranlehrer) und eifrige Befürworterin der Verhüllung. Die anderen drei dagegen würden am liebsten sofort ohne Kopfbedeckung gehen und sich westlicher kleiden wollen. Wir einigen uns darauf, dass kein Staat seinen Bewohnern vorschreiben dürfe, wie sich die Menschen kleiden. Jeder sollte das nach seinen Traditionen und Vorstellungen tun dürfen und jeder sollte die Meinung des anderen achten und dessen Bekleidung respektieren und tolerieren.

Schahpalast Saadabad im Norden Teherans

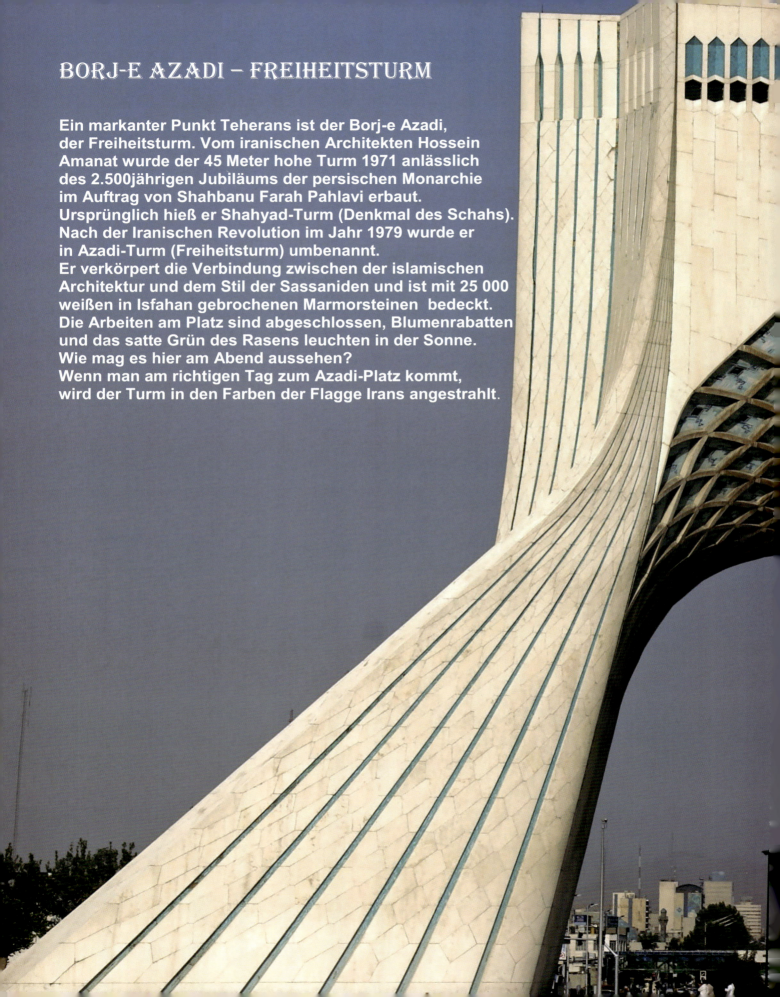

BORJ-E AZADI – FREIHEITSTURM

Ein markanter Punkt Teherans ist der Borj-e Azadi,
der Freiheitsturm. Vom iranischen Architekten Hossein
Amanat wurde der 45 Meter hohe Turm 1971 anlässlich
des 2.500jährigen Jubiläums der persischen Monarchie
im Auftrag von Shahbanu Farah Pahlavi erbaut.
Ursprünglich hieß er Shahyad-Turm (Denkmal des Schahs).
Nach der Iranischen Revolution im Jahr 1979 wurde er
in Azadi-Turm (Freiheitsturm) umbenannt.
Er verkörpert die Verbindung zwischen der islamischen
Architektur und dem Stil der Sassaniden und ist mit 25 000
weißen in Isfahan gebrochenen Marmorsteinen bedeckt.
Die Arbeiten am Platz sind abgeschlossen, Blumenrabatten
und das satte Grün des Rasens leuchten in der Sonne.
Wie mag es hier am Abend aussehen?
Wenn man am richtigen Tag zum Azadi-Platz kommt,
wird der Turm in den Farben der Flagge Irans angestrahlt.

SHAHR-E REY

Gehören Borj-e Milad und Borj-e Azadi in das neue Teheran, so führt uns Masoud in seine Geburtsstadt. Es ist die antike Hauptstadt Irans Shahr-e Rey. Zur Zeit der Meder ist Rey Hauptstadt und zugleich „heiliges" Zentrum. Im 8. Jahrhundert vor Christus wird Rey von Assyrern erobert und unterworfen. Im 7. Jahrhundert vor Christus zerstören dann die Perserkönige Kourosh II. und Darioush I. Rey. In den folgen Jahren wechseln sich Aufbau und Zerstörung ab. Heute findet man in Rey noch Reste einer Sassaniden-Festung sowie das Grabmal Schahr-Banus, einer Tochter des letzten Sassaniden-Schahs Yazdegerd III.

Die einstige nordpersische Ruinenstadt liegt etwa 15 Kilometer südlich von der Hauptstadt Teheran entfernt, die früher selbst einmal Vorort von Rey war. Rey ist heute Industriestadt und bildet einen eigenen Distrikt der Provinz Teheran. Da die Stadt aber zum Teheraner Ballungsraum hinzugezählt wird, erreichen wir sie leicht mit der U-Bahn.
Wir betreten ordentliche und saubere Bahnsteige, die im Gegensatz zu Berliner U-Bahnhöfen, von Graffiti Sprayern verschont geblieben sind. Wir sind froh, einen Sitzplatz abbekommen zu haben. Schnell füllt sich der Zug mit Frauen, Männern und Kindern und wir beobachten, wie jüngere älteren Fahrgästen, ohne auch nur eine Sekunde darüber nachzudenken, ihren Platz anbieten. Allerdings sind die Sitzbänke hart und wir froh, unser Ziel erreicht zu haben.
Wir wandern durch den Basar von Rey, besuchen die Moschee, statten der Stadtmauer und dem so genannten Toghril-Turm (Foto Seite 23 oben) einen Besuch ab. Er soll angeblich das Grab Toghrii-Begs, des ersten Sultans der Seldshuken sein.
Am Abend lässt es sich Masoud nicht nehmen, uns ins „Dehkadeh", (übersetzt Dorf) ein traditionelles Restaurant, einzuladen. Zusammen mit seinen Schwestern und deren Ehemännern genießen wir die persische Küche, trinken Tee und sitzen auf Pritschen unter Bäumen an diesem warmen Frühlingsabend.

U-Bahnstation in Teheran

IM GROßEN BASAR

Da wir während unserer ersten Iranreise in Teheran immer nur Zwischenstopps hatten und so diese pulsierende Metropole nicht einmal annähernd erleben konnten, steht auch der große Basar, der im gleichnamigen Stadtteil "Basar" im südlichen Zentrum Teherans liegt, auf unserem Besuchsprogramm.

Basare gibt es in Iran seit etwa dem 4. Jahrhundert vor Christus. Mit der Islamisierung im 7. Jahrhundert nahm der Handel zu und der Basar gewann vor allem während der Herrschaft der Safawiden und in den letzten 200 Jahren an Bedeutung. Und so bildet, der Basar bis ins 19. Jahrhundert eine „Stadt in der Stadt" ist, noch immer ein wichtiges Handelszentrum des Landes:

Moschee in Shahr-e Rey

Der große Basar von Teheran

Wir haben zwar gehört, dass er weltweit der größte seinesgleichen ist und neben dem Handel auch Banken, Moscheen und Gasthäuser beherbergt, aber was das bedeutet, erkennt man erst, wenn man versucht, durch die zahlreichen Korridore, die immer speziellen Waren vorbehalten sind, zu wandern. Insgesamt müsste man 10 Kilometer zurücklegen, um alles zu sehen.

Damit wir nicht im Labyrinth des großen Basars verloren gehen, hat uns unser Freund ortskundige Begleitung organisiert. Eine Studentin und deren Vater nehmen sich die Zeit, mit uns bummeln zu gehen. Dabei stellt sich heraus, dass der Vater in Deutschland studiert hat und mit ein paar Deutschkenntnissen aufwarten kann.

Wir suchen uns einen der Eingänge und drängen uns durch die Korridore. Wir wandern vorbei an zahlreichen Gewürzgeschäften, durch Gänge mit ausschließlich Bekleidung, Küchenartikeln oder Gewürzen und auch durch den riesigen Goldbasar, in dem man uns Filmen und Fotografieren verbietet.

DIE SCHATZKAMMER DES SCHAHS

Ziemlich pflastermüde beschließen wir, Tee zu trinken und uns im Anschluss auf den Weg ins Juwelenmuseum zu machen, das in der Iranischen Nationalbank untergebracht ist. Die Schatzkammer des Schahs ist die wohl bedeutendste Juwelensammlung der Welt.

In unmittelbarer Nähe, besser gesagt, genau gegenüber der Deutschen Botschaft in Teheran, findet man im Tiefgeschoss der Nationalbank Schmuck und Edelsteine unschätzbaren Wertes.

Akribisch sind die Kontrollen, bevor man ins Allerheiligste vorgelassen wird. Videokamera und Fotoapparat müssen draußen bleiben!

Wir werden mit anderen neugierigen Touristen durch zwei Schleusen zu den Vitrinen geführt, die als Hauptteil der Sammlung die Kronjuwelen der Safawiden enthalten, die diese während ihrer zweieinhalb Jahrhunderte währenden Herrschaft zusammentrugen. Neben Saphiren, Diamanten, Rubinen, Perlen und reich verzierten Kronen, Schwertern, Diademen, Ketten und Ohrringen ist das berühmteste Juwel der Sammlung der 2,5 cm lange und 2 cm breite blass rosafarbene Darya-ye-Nur-Diamant (Diamant Meer des Lichts), der mit seinen 182 Karat als der größte aus einem Stück geschliffene Diamant der Welt gilt.

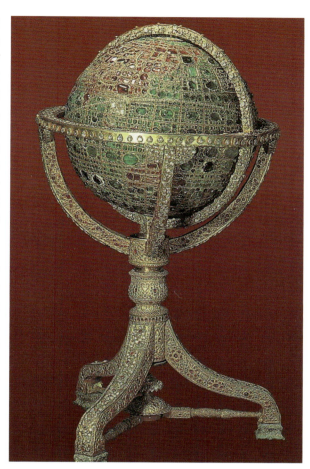

Der Takht-e Naderi ist ein mit Blattgold überzogener und mit 26.733 Edelsteinen besetzter Thron, der in der Zeit des Kadscharen Fath Ali gebaut und für Reisen in die Umgebung Teherans benutzt wurde. Anziehungspunkt der Ausstellung ist aber auch ein aus dem 19. Jahrhundert stammender, aus ca. 34 Kilogramm Gold gefertigter Globus. Die Kontinente werden mit mehr als 51.000 Edelsteinen dargestellt.

Weitere bekannte Exponate der Sammlung sind die federbuschförmige Brosche Dscheqqeh Nader Schah, die Kiani-Krone aus der Zeit der Kadscharen und die über zwei Kilogramm schwere Pahlawi-Krone.

(Fotos: Nationalmuseum)

FRÜHLING UND WINTER

Wir sind im Frühling angekommen und auf der Suche nach den vier Jahreszeiten in Iran. Mit Ramin, Arezu und Salar begeben wir uns auf die Suche nach dem Winter. Wir fahren mit dem Auto zum Fuße des Totschal, einem Berg in der Nähe Teherans und haben Probleme, einen Parkplatz zu ergattern. Viele Teheraner Familien sind ebenfalls unterwegs ins Grüne. Wir sind faul und nehmen den Bus, der uns bis zur Drahtseilstation bringt. Noch wissen wir nicht, was uns erwartet. Erst einmal fahren wir mit einer Gondel vier Stationen den Berg hinauf. Es ist merklich kälter, wir trinken Cappuccino und wagen uns dann weitere drei Stationen bis auf runde 4.000 Meter Höhe.

Uns empfängt ein eisiger Wind. Als wir vor die Tür treten, ist er da, der Winter. Wir stehen in etwa 30 Zentimeter hohem Schnee, starren wie gebannt auf einen Skilift und dick vermummte Iraner mit Skiern unter den Füßen, die sich begeistert die Abfahrt hinunter schwingen. Ich ziehe meine dünne Strickjacke fester um den Körper und stapfe klappernd in Turnschuhen durch den Schnee. Völlig durchgefroren, aber mit ein paar Fotos in der Kamera komme ich zurück zur Bergstation. Die Zuständigen haben Erbarmen und lassen uns in ihren gut geheizten Aufenthaltsraum bis die Gondel nach unten kommt und wir diesen unwirtlichen Ort wieder verlassen können.

Einen Ausflug später haben wir den Winter vergessen und genießen in der Nähe von Karaj am Fluss den Freitag, den einzigen freien Tag in der Arbeitswoche der Iraner. Wie schon bei den vorherigen Reisen festgestellt, müssen die Iraner das Picknick erfunden haben. Jedenfalls sind die Ausflugsorte ausgesprochen gut auf diese Mentalität eingerichtet. An einem Fluss in der Nähe von Karaj gibt es neben Pritschen zum Sitzen und Ausruhen auch Grillplätze.

Sofern man nach stundenlangem Stopp and Go den Fluss erreicht, einen Parkplatz gefunden und auch einen Sitzplatz ergattert hat, kann man dann Natur pur genießen. Neben dem Rauschen des klaren Wassers aus den nahe gelegenen Bergen, dem Stimmengewirr der anderen Grillgäste, dem Lachen der Kinder und dem Gesang der Vögel durchzieht der feine Duft frisch gegrillter Lamm- und Hühnchenspieße die Luft.

Skigebiet auf dem Totschal bei Teheran

Picknick am Fluß

Völlig in die Stille der Natur versunken, finden wir uns am Fuße des Damavand wieder. Der Damavand, das bedeutet „frostiger Berg", ist der höchste Berg im Elburs-Gebirge in der iranischen Provinz Mazandaran. Er ist zugleich der höchste Berg im Nahen Osten und neben dem Kilimandscharo einer der höchsten frei stehenden Berge der Welt.

Er ragt als ruhender, nur noch leicht rauchender Vulkankegel etwa 70 Kilometer nordöstlich von Teheran in den Himmel.

Der Höhenunterschied vom Fuß des Berges bis zum Gipfel beträgt bis zu 4.700 Meter. An allen Seiten des gleichmäßigen Vulkankegels gibt es Routen, die meist über Geröll und Sand zum Gipfel führen. Nur an wenigen Stellen muss geklettert werden.

Wir bleiben jedoch nur staunend am Fuße des mit einer weißen Haube bedeckten Berges, genießen die pure Natur und den Gesang der Vögel.

SEMNAN UND SHAHROUD

Eines unserer Ziele ist eine der Pilgerstädte Irans: Mashad. Um mehr von Land und Natur sehen zu können, stellt uns Ramin großzügig seinen Peugeot 206 zur Verfügung. So machen wir uns auf den 871 Kilometer langen Weg.

Unser erster Halt ist in Semnan. Das ist die Hauptstadt der gleichnamigen Provinz. Semnan ist teilweise sehr gebirgig und liegt ganz in der Nähe der großen Salzwüste Dasht-e Kavir.
Im Raum Semnan werden vor allem Baumwolle und Getreide angebaut. Neben solchen historisch wichtigen Industriezweigen wie der Textil- und Teppichproduktion spielen heute die Automobil-, aber auch die Fahrradproduktion eine wichtige Rolle.

Die größte Stadt der Provinz jedoch ist Shahroud. Dorthin begleiten uns Salars Cousine Maryam und ihr Mann Mehran, denn auch dort erwartet uns bereits Salars Familie.

War die Reise im Peugeot bisher recht bequem, wird es jetzt eng. Mehran fährt leidenschaftlich gern Auto. Sie überreden uns also, nicht mit beiden Fahrzeugen die Strecke zurücklegen zu wollen. Und so quetschen wir uns zu fünft in seinen Peugeot gleichen Modells. Wir starten für iranische Verhältnisse pünktlich zwei Stunden später als geplant. Diese Zeitrechnung, geplante Uhrzeit plus ein bis drei Stunden, soll uns auf unseren Reisen noch mehrfach beschäftigen. Auf dieser Tour jedenfalls führt die Verspätung dazu, dass wir erst gegen Mitternacht in Shahroud ankommen. Wir werden herzlich empfangen. Und mir begegnen alle möglichen Höflichkeitsformeln, die zu solchen Anlässen ausgesprochen werden.

Stadttor in Semnan

Vom noch normalem "khosh amadid" über "ghadametun ruje tsheshm", was "Herzlich willkommen" bedeutet, bis hin zum „Mein Haus ist Ihr Haus" ist alles dabei. Es gibt Tee, Süßigkeiten und Obst.

Alle haben auf uns gewartet. Auch das arme Schaf, das zu Ehren der Gäste sein Leben lassen muss. Traditionell wird es geschlachtet und gleich fachgerecht zerlegt, dann der Grill angeheizt, Leber, Herz und Fleisch gegrillt. Es werden Brot, Reis, Kräuter und Joghurt traditionell auf einem großen Tuch inmitten des Raumes auf dem Teppich angerichtet. Wir essen und reden, bis wir gegen drei Uhr morgens auf und unter unsere Decken kriechen und schlafen. Doch noch haben wir Mashad nicht erreicht.

Märtyrer-Moschee

MASHAD

Quer durch die Wüste, vorbei an schwarz, braun, gelb und rot schimmernden Gebirgen, schnurrt der kleine Peugeot völlig überladen die Autobahn entlang. Wir vertreiben uns die Zeit, hören Musik, reden, lachen und wechseln uns beim Fahren ab. In Mashad empfängt uns Architekt Ahmad. In seiner schick eingerichteten Wohnung werden wir die nächsten Nächte verbringen. Mashad ist die Hauptstadt der Provinz Khorasan-e Razavi und die zweitgrößte Stadt Irans. Sie liegt am Fluss Kashaf auf einer Höhe von etwa 985 Metern östlich von Teheran.

Moschee des achten schiitischen Imam Reza

Alte Karawanserei

Die Region um Mashad ist landwirtschaftlich geprägt und so werden aus der hier gewonnen Wolle Teppiche hergestellt.

Durch ihre Lage an der Seidenstraße wurde die Stadt zu einem Handelspunkt zwischen West und Ost. Auch gewann Mashad in der Vergangenheit große politische Bedeutung als der persische Herrscher Nadir Schah, der von 1736 bis 1747 regierte, sie zu seiner Hauptstadt machte.

Inzwischen hat Mashad mehr als 2,5 Millionen Einwohner, das sind Iraner, Araber, Afghanen, aber auch eine großen kurdische Minderheit.

Mashad ist wie Qom Pilgerstadt. Denn hier liegt in einer architektonisch fantastisch gestalteten Moschee der achte schiitische Imam Reza begraben, der dort der Überlieferung zufolge auf Geheiß des Kalifen Al-Ma'mun vergiftet wurde. Er ist der einzige der zwölf schiitischen Imame, dessen Grabmal sich auf iranischem Boden befindet. Jährlich besuchen Mashad als religiöses und politisches Zentrum mehr als eine Million schiitische Pilger aus Iran und den Nachbarländern.

Auch wir besuchen das Heiligtum des achten Imam, das eine der umfassendsten Sammlungen von Kunst- und Kulturgütern Irans beherbergt. Wir sind von der Pracht, dem Glanz der Spiegel und der Kunstfertigkeit der Moschee beeindruckt. Leider dürfen wir nicht fotografieren. Doch ohne ein Bild wollen wir diese heilige Stätte nicht verlassen. Am Abend bitten wir im gegenüber liegenden Hotel darum, auf der Terrasse fotografieren und filmen zu dürfen. Wir haben Glück und bekommen wenigstens eine schöne Nachtaufnahme von der gigantischen, in gleißendes Licht getauchten Außenanlage.

FERDOWSI

Ganz in der Nähe Mashads im Bezirk Tus lebte ein Mann, der das weltgrößte Epos verfasste: Abu L-Qasim Ferdowsi.

Sein Werk, das Schahname, das Buch der Könige, ist mit seinen etwa 60.000 Versen das Nationalepos der Persisch sprachigen Welt und damit doppelt so umfangreich wie Homers Epen und mehr als sechsmal so lang wie das Nibelungenlied.

Ferdowsi, der von 940 bis 1020 lebte, schrieb nach eigenen Angaben rund 35 Jahre an dieser wohl einzigartigen Liebeserklärung an Iran. Vor allem deshalb, weil er im Shahname fast gänzlich auf arabisches Vokabular verzichtet, gibt er der persischen Sprache und dem persischen Nationalbewusstsein neuen Aufschwung. Anfangs finanziell unabhängig, verarmt er durch die zunehmende Beschäftigung mit seinem Lebenswerk, das er um 976 beginnt und in das er die Geschichten und Legenden des alten Iran einfließen lässt.

Unter Reza Schah und mit der Gründung des iranischen Nationalstaates wuchs die Bedeutung Ferdowsis als Dichter des Nationalepos.

1934 entstand ein Mausoleum, in dem heute seine sterblichen Überreste ruhen. Seit dem Jahr 1975 wird jährlich ein Festival zu Ehren dieses großen Nationaldichters in der Stadt Tus abgehalten.

MAUSOLEUM VON FERDOWSI

WAS BLEIBT IST IRAN

Nachdem Ferdowsi, der um 976 mit seinem Lebenswerk begonnen hatte, verarmt war, begab er sich unter den Schutz von Mahmud von Ghazna, dem mächtigsten islamischen Herrscher seiner Zeit. In der Hoffnung, dass dieser sein Versprechen halten würde, ihm für jeden Vers eine Goldmünze zu geben, legte Ferdowsi ihm in seinem 65. Lebensjahr sein Werk vor. Was der Dichter erhielt war Missachtung und lediglich eine Silbermünze.

Ein Grund für die Ablehnung kann darin liegen, dass Ferdowsi im Schahname den zoroastrischen Denk- und Verhaltensweisen viel Raum gibt, der Islam aber erst im letzten Kapitel Erwähnung findet, als er das Ende des Sassanidenreiches darstellt und im Brief des Rostam Farrokhzad an seinen Bruder Verse auf das hinweisen, was Iran nach der arabischen Eroberung und der dann folgenden Islamisierung erwartet. Die Legende besagt, dass Ferdowsi wegen dieser kritischen Verse, aber vor allem wegen seiner schiitischen Konfession nicht auf dem Friedhof seiner Heimatstadt, sondern in seinem eigenen Garten innerhalb der Stadtmauern Tabarans beigesetzt wurde.

Doch worum geht es im Buch der Könige?

Indem er mit seinem Helden Rostam die Mythen der Vergangenheit, zoroastrisches Gedankengut und iranische Geschichte miteinander verbindet, schafft er eine eigenständige, nicht-islamische Identität Irans, die bis in unsere Zeit nachwirkt. In die Darstellung historischer Ereignisse lässt Ferdowsi an seine Mitmenschen gerichtete Ratschläge einfließen. Dadurch erhält das Werk eine allgemein gültige Aussagekraft, die auch heute nichts an ihrer Wirkung verloren hat.

Der persische Held Rostam, Prinz von Zabulistan, erblickt mit Hilfe des Wundervogels Simurgh durch Kaiserschnitt das Licht der Welt. Er zeichnet sich schon als Junge durch unglaubliche Kraft, Mut und List aus. Der immer während Kampf zwischen den Königtümern Iran und Turan bildet die Grundlage für weitere von Rostam zu bestehende Abenteuer. Wie Herakles muss auch er Aufgaben für den Herrscher bestehen. Indem er den Zauberer, der den König Irans mit Blindheit schlug, besiegt, gibt er dem Land einen neuen Schah. Und so führt er als Kämpfer für das Land des Lichts – Iran -, gegen das Land der Finsternis – Turan – Lasso, Keule, Lanze, Bogen und Schwert…

Das Epos beginnt mit der Regierungszeit der Urkönige, in der die rasche Entwicklung der menschlichen Zivilisation dargestellt wird. Wirklich lebendig wird es mit der Sage 4 von Dschamschid und dessen Auseinandersetzungen mit Zahak. Die Teilung des altiranischen Reiches unter den drei Söhnen des Fereydun führt zum ersten Brudermord. Iradsch wird von seinen Brüdern Tur und Selm ermordet. Damit beginnt die Blutfeindschaft zwischen Iran und Turan. Für die Rostam-Legende sind die ersten fünfzehn Könige interessant, die schon das Avesta (Heiliges Buch der Zoroastrier) nennt und deren Reihenfolge dort mit der Reihenfolge im Schahname übereinstimmt. Die Zusammenstellung dieser Reihenfolge erfolgt wahrscheinlich zurzZeit Schapurs I., um die Rechtmäßigkeit der dynastischen Ansprüche der Sassaniden zu belegen.

Obwohl das Werk nicht chronologisch aufgebaut ist, führt es von der Vergangenheit in die Gegenwart Ferdowsis. Er verwendet nicht das aus dem Griechischen stammende Wort "Persien", da damit nur die südiranische Provinz Fars bezeichnet wird, sondern stattdessen die einheimische Bezeichnung „Iran". Sie umfasste in der Vergangenheit ein weitaus größeres Gebiet als den heutigen Staat Iran. Ferdowsi erklärt: Die Schahs und Helden kommen und gehen, und das einzige was bleibt, ist nur

IRAN.

Grabmal Omar Khayyams

NEYSHABOUR

Wir verlassen Ferdowsi und folgen den Spuren eines anderen berühmten Iraners: Omar Khayyam. Der um 1048 in Neyshabour geborene persische Mathematiker, Astronom, Philosoph und Dichter fand die Lösung kubischer Gleichungen und ihrer Wurzeln durch die geometrische Darstellung, befasste sich mit der Parallele und den irrationalen Zahlen und schuf ein lange vorherrschendes Werk der Algebra.

Im Jahr 1073 beauftragte ihn der Seldschukenfürst Malik Schah I. mit dem Bau eines Observatoriums und der Erstellung eines Sonnenkalenders zu astrologischen Zwecken. Dieser Kalender ist genauer als der gregorianische. Und so beruht der heutige iranische Kalender auf den Berechnungen Omar Khayyams.

Doch nicht nur als exzellenter Denker ist Khayyam bekannt, auch mit seinen philosophischen Texten erwirbt er in seiner Zeit viel Ansehen. Allerdings zählt man ihn nicht zum „Siebengestirn" der persischen Dichter Attar, Dschami, Ferdowsi, Hafez, Nizami, Rumi und Saadi. So sehr uns die Geschichte Khayyams und dessen Grabmal auch gefangen halten, es gibt noch etwas, das vor allem Frauenherzen höher schlagen lässt: Firouzeh.

Das sind Türkise, herrlich blaue Edelsteine, die, kommen sie aus der

Gegend um Neyshabour, viele kleine Einschlüsse enthalten. Als Kette, Ring oder Ohrringe in Silber, Weißgold, seltener in Gold eingefasst sind sie ein typisches Andenken aus dieser Region. So gehen wir von einem Geschäft zum anderen, fragen nach den Preisen, die nach Gewicht der Steine, Farbe und den Einschlüssen bemessen werden, handeln, diskutieren, vergleichen und kaufen schließlich.

GORGAN

Sind wir von Shahroud nach Mashad endlos durch die Wüste gefahren, wollen wir jetzt über Gorgan nach dem Frühstück den Rückweg antreten. Das ist leichter gesagt als getan. Es scheint uns als hätten Iraner alle Zeit der Welt. Wir frühstücken ausgiebig, führen lange Diskussionen, bis uns zu guter Letzt die Frau Ahmads auch noch vorführen möchte, wie man Azeri tanzt. Die Musik ist ansteckend und geht in die Beine.

Unterwegs zum Kaspischen Meer

42

Wir fühlen uns nach Deutschland in den bayrischen Wald oder nach Thüringen versetzt. In sattem Grün säumen dichte Laub- und Nadelbäume sowie saftige Wiesen die Straße. Es beginnt leicht zu regnen und die Kurverei kostet Zeit.

Und so kommen wir ziemlich spät in Gorgan an. Nach mehr als zwei Stunden Verspätung quetschen wir uns in den Peugeot, in dem jetzt auch noch ein großer weißer Teddybär mitfährt. Während wir auf der schnurgeraden Wüstenstraße ziemlich zügig vorangekommen sind, halten uns jetzt spitzwinklige Kurven auf. Dafür ist die Landschaft interessanter.

Moschee des Imamzadeh Abdullah

Die Stadt liegt etwa 400 Kilometer von Teheran entfernt an der Südostküste des Kaspischen Meeres und ist die Hauptstadt der Provinz Golestan. Etwa 150 Kilometer östlich der Stadt befindet sich der Nationalpark Golestan, den zu besuchen aber leider keine Zeit bleibt.

Eigentlich möchte uns Salar zu einer befreundeten Familie zum Übernachten bringen, aber mein Mann denkt an die letzten Abende, die nicht vor 3 Uhr morgens ihr Ende fanden. Er besteht darauf, in einem Hotel zu übernachten. Ich ahne, was uns das einbringen wird. Da alles gemacht wird, was die Gäste wünschen, suchen wir ein Hotel. Worin das Problem bei dieser Art der Übernachtung besteht, erfahren wir vor Ort. Maryam und Mehran sind zwar verheiratet, haben aber den schriftlichen Beweis dafür nicht mit und in dem Hotel gibt es nur Familienappartements.

Nach Besichtigung eines dieser sehr schönen Appartements wäre es für uns überhaupt kein Problem, alle zusammen darin zu übernachten, weil es drei getrennte Räume und zwei Badezimmer gibt. Jeder wäre für sich. Aber die Vorschriften lassen das nicht zu. Obwohl wir lange – eigentlich sinnlos – selbst mit dem Verantwortlichen diskutieren, führt kein Weg hinein, dass wir in diesem Appartement übernachten. Zwei sind uns zu teuer! Und auf die Frage, warum es nicht geht, bekommen wir auch die einzig logische Antwort: „Hier ist Iran."

Ein jetzt zu Hilfe gezogener Freund hat eine andere Lösung. Wir fahren noch eine gute halbe Stunde durch die Stadt und landen in einer nicht wirklich sehr komfortablen Unterkunft. Nun haben wir keine Wahl mehr und bleiben.

Wir haben die Nacht überstanden und am Morgen ist es durch den Regen kühl geworden. Wir fahren weiter durch den Wald und machen einen kurzen Stopp in der Nähe von Gorgan. Hier besuchen wir inmitten eines kleinen Dorfes eine Art Moschee, die Imamzadeh Abdullah gewidmet ist.

Bandar-e Turkemann

Die Weiterfahrt gestaltet sich anstrengend. Der kleine völlig überladene Peugeot quält sich durch dichten Nebel und waghalsige Kurven den Berg hinauf.

Wir können teilweise nicht mehr als 20 Meter weit sehen. Endlich auf dem Berg angekommen, scheint die Sonne und wir sehen den Dschangal-e Abr, dem Wolkenberg, in dichte flauschige Nebelwolken gehüllt vor uns liegen. Nur die Gipfel der Berge ragen aus dieser Zuckerwatte hervor.

Weiter geht es nun mit einem kurzen Halt in Bandar-e Turkeman weiter über Shahroud nach Semnan. Dort erholen wir uns eine Nacht, tauschen die Autos und kehren zurück nach Teheran.

Blick auf den Dschangal-e Abr

Hafen von Bandar Abbas

BANDAR ABBAS

Von Teheran aus fliegen wir mit Ramin und Arezu nach Bandar Abbas an den Persischen Golf. Dort haben beide ein paar Jahre gelebt und kennen sich dadurch bestens aus.

Alle warnen uns vor Flügen innerhalb Irans. Durch die Sanktionen fehlen für die Wartung der Flugzeuge oft notwendige Ersatzteile, so dass man annimmt, dass nicht immer so gründlich gearbeitet werden kann. Nur, wie kann man mehr als 1.500 Kilometer innerhalb relativ kurzer Zeit überwinden? Wir vertrauen der iranischen Fluggesellschaft Mahan Air und landen sicher in der nächsten der vier Jahreszeiten: dem Sommer.

Doch bevor das so weit ist, bringt mein Mann mal wieder alles durcheinander. Er hat vergessen, sein kleines, altes Taschenmesser aus dem Rucksack zu nehmen. Prompt muss er auspacken und hat die Wahl zwischen Entsorgung des Taschenmessers oder einer Aufbewahrungsgebühr von einem Dollar pro Tag. Wir entscheiden uns für Ashghal – Müll.

Bandar Abbas empfängt uns so, wie man sich das Klima bei 36 Grad im Schatten vorstellt: Die Luft ist feucht und heiß wie in einem Treibhaus. Es weht ein warmer Wind vom Meer, der nach Tang und See riecht und man hat den Geschmack von Fisch auf der Zunge. Sofort bleibt unsere Kleidung regelrecht an uns kleben.

Bandar Abbas, benannt nach Schah Abbas I., ist die Hauptstadt der Provinz Hormozgan im Süden Irans. Lange ist die Stadt auch unter dem Namen Gamron bekannt und liegt direkt vor der Insel Hormus. Bereits unter Darioush I. ist die Ortschaft eine Hafenstadt, die im Laufe ihrer langen Geschichte mehrfach ihre Namen wechselt. Sie entwickelt sich zum zentralen Warenumschlagplatz und der Handel mit Indien, Großbritannien und den Niederlanden wird hier abgewickelt. Ein beliebtes Reiseziel ist Bandar Abbas besonders im Winter.

Dann liegen die Temperaturen bei angenehmen 25 bis 28 Grad. Im Sommer ist es bei bis zu 49 Grad am Persischen Golf unerträglich heiß und schwül.

Im Laufe der Jahrhunderte wechselt Bandar Abbas mehrfach die Besitzer. Afghanen, Belutschen, omanische Sultane und Kadscharen fielen über die Stadt her.

Langsam erholte sich im 20. Jahrhundert die Wirtschaft wieder. Unter Reza Schah Pahlavi entstand eine Spinnerei und eine Fischverarbeitungsfabrik. 1967 wurde der südwestlich des Stadtkerns liegende Hafen eröffnet. Er ist wichtiger Umschlagplatz für Erz aus der Region. Sechs Jahre später bezog die iranische Marine in Bandar Abbas Quartier und der Anschluss an das Autobahnnetz des Landes erfolgt. Immerhin liefen in den 1990er Jahren 75 Prozent der Importe aus dem Persischen Golf über den Hafen in Bandar Abbas.

INSEL QESHM

Wir quartieren uns für eine Nacht bei einem Freund ein und freuen uns am Abend auf Fisch aus dem Persischen Golf. Am nächsten Morgen geht es per Boot zur Insel Qeshm. Das kleine Motorboot ist voll besetzt und die Luft ziemlich knapp. Wir sind froh, nach einer Stunde Überfahrt wieder festen Boden unter den Füßen zu haben. Wie immer in Iran ist man mit dem Taxi schnell und preiswert unterwegs.

Wir ziehen in eines von sechs bungalowähnlichen Zimmern eines Tauchclubhotels ein, das direkt am Strand liegt. Um Baden gehen zu können, erhalten wir eine Art Gummisocken, die unsere Füße vor den Felsen und dem Müll, der vom Meer angeschwemmt wird, schützen. Vorschriftsmäßig gehen wir baden. Die Männer haben es gut, ihnen reicht eine Badehose. Als Frau kann ich mich hier in Qeshm mit Leggins und T-Shirt ins Meer zu stürzen. Aber selbst das ist nicht überall so erlaubt.

Die Chemie zwischen Ramin und dem Taxifahrer scheint zu stimmen. Jedenfalls führt er uns über die Insel. Mal wieder fast zu spät, fährt doch noch ein kleines Boot mit uns aufs Meer hinaus, um Delphine zu sehen. Das Boot springt hart über die Wellen. Wir knoten unsere Schals am Kinn zusammen, damit sie nicht wegfliegen und halten uns ziemlich verkrampft an den Sitzbänken fest, von denen wir bei jeder Welle hoch fliegen und hart landen. Weit draußen kreuzen noch andere Boote mit Schaulustigen, die auf die Delphine warten. Endlich erscheint eine Delphin-Schule. Sie tauchen auf und wieder ab, um dann unerwartet direkt neben unserem Boot vorbei zu schwimmen. Ihnen scheint es Spaß zu machen, uns an der Nase herumzuführen.

Viel ruhiger geht es bei unserer Tour durch den Hara-Mangrovenwald zu. Dieser erstreckt sich auf einer Fläche von etwa 20 Quadratkilometern und wird von vielen Wasserläufen durchzogen. Er ist ein wichtiges ökologisches System und steht deshalb als Biosphärenreservat unter Naturschutz. So werden hier auch nur Schrimps gefischt und Touristen wie wir spazieren gefahren.

Vor allem in den Wintermonaten rasten hier viele Zugvögel. Reptilien, Fische, Muscheln aber auch giftige Schlangen und die Grüne Meeresschildkröte fühlen sich wohl.
(Foto: Hara-Mangroven-Wald)

Der Hara-Baum ist ein Salzwassergewächs, das ungefähr drei bis sieben Meter hoch wird und regelmäßig in den Fluten versinkt. Das Filtersystem in der Borke der Bäume ermöglicht es, Wasser aufzunehmen und es gleichzeitig zu entsalzen. Von Juli bis August blüht der Baum gelb und trägt eine süße mandelähnliche Frucht. Die langen, schmalen, ovalen Blätter haben einen so hohen Nährwert, dass sie Gerste oder Luzerne in der Viehzucht ersetzen könnten.

Die Hitze macht uns zu schaffen. Und als ob das nicht genug wäre, führt uns unser ortskundiger Taxifahrer mitten in zerklüftete Berge. Auf dem Weg dorthin brennt die Sonne erbarmungslos. Völlig erschöpft kommen wir dort an, wo vor langer, langer Zeit einmal Wasser gewesen sein muss.

Der Sand unter unseren Füßen besteht aus fein zermahlenen Muscheln und die Felswände haben Ausspülungen. Ein Brunnen mitten in dieser Einöde enthält sogar noch köstliches Wasser, das nicht nur wir gierig trinken, sondern auch ein paar Vögel, die sofort von den kleinen Pfützen des verschütteten kostbaren Nass Besitz ergreifen.

Zum Abendessen gibt es frischen Fisch, den der Koch eigenhändig mit der Harpune geschossen hat.

Die Rückfahrt mit dem Boot ist dieses Mal angenehmer. Wir sitzen an Deck, genießen die frische Seeluft und staunen über den regen Schiffsverkehr auf der Straße von Hormoz im Persischen Golf.

Am Abend fliegen wir zurück in die iranische Hauptstadt.
Wir sind froh, wieder in Teheran angekommen zu sein und haben das Gefühl, durchatmen zu können. Viel Zeit bleibt uns nicht. Es heißt, Koffer umpacken. Masoud wird uns durch Mitteliran begleiten. Wir wollen nach Yazd, Shiraz und Isfahan. Aber vor allem wollen wir nach Kerman und Bam.

KERMAN

Lange diskutieren wir, welche Reiseroute wir auswählen wollen. Dann steht die Entscheidung fest. Wir fliegen nach Kerman. Kerman ist die Hauptstadt und zugleich der Name der im Südosten Irans liegenden Provinz. Das Klima dieser dünn besiedelten Gegend zeichnet sich durch trockene, heiße Sommer und durch kalte, aber ebenfalls trockene Winter aus. Mit ihrer Lage in etwa 1.748 Metern Höhe hat die Stadt ein relativ angenehmes Klima. Da Iran auf der Berührungsebene der Arabischen und der Eurasischen Platte liegt, kommt es besonders in der Region um Kerman immer wieder zu starken Erdbeben.

Berühmt ist Kerman auch für seinen Kümmel, den wir bei einem Bummel im Basar kaufen. Wir mieten uns wieder ein Taxi und machen uns auf den Weg nach Bam.

Kerman

ARG-E BAM

Die Sassaniden siedelten die Stadt Bam, deren Gebäude aus Lehm errichtet wurden, in einer Oase an. Sie liegt in der zentralen Hochebene Ost-Irans, die hauptsächlich aus Steppe und Sandwüste besteht.

Im 10. Jahrhundert wurde die Zitadelle Arg-e Bam errichtet. Häufig von Afghanen, Belutschen und Sistani angegriffen und kurzzeitig von den Afghanen erobert, wurde die ummauerte Stadt Mitte des 19. Jahrhunderts verlassen. Zwei Kilometer entfernt entstand das heutige Bam. Bis zum Anfang des 20. Jahrhunderts diente die historische aus verputzten Lehmziegeln bestehende Stadt als Militärlager.

Im Dezember 2003 zerstört ein mächtiges Erdbeben die Zitadelle, verwüstet große Teile der Stadt Bam und vernichtet 70 Prozent des neuen Bam.
Im Jahr 2004 wird die Zitadelle von der UNESCO zum Weltkulturerbe erklärt und gleichzeitig auf die Rote Liste des gefährdeten Welterbes gesetzt. So soll sichergestellt werden, dass die beim Erdbeben völlig zerstörte Festungsanlage wieder aufgebaut wird. Die internationale Gemeinschaft will den Wiederaufbau mit 1,1 Milliarden US-Dollar unterstützen.

Das am Eingang aufgestellte Foto der noch nicht zerstörten Festungsanlage und die bisher wieder hergestellten Teile der Anlage lassen erkennen, wie schön diese Lehmbautenstadt einst war. Leider interessieren sich nur wenige Touristen für Bam. Dabei gibt es schon rekonstruierte Gebäudeteile zu sehen, die mit den früheren Mustern an den restaurierten Gebäuden an die alte Schönheit erinnern. Doch es wird noch Jahre dauern, bis die Arg-e Bam wieder vollständig in neuem altem Glanz erstrahlen kann.

Arg-e Bam im Wiederaufbau

Der Prinzengarten - Bagh-e Shahzadeh

Auf unserer Rückfahrt nach Kerman machen wir Station im Prinzengarten, dem Bagh-e Shahzadeh. Dieser persische Garten bildet eine Oase inmitten der Wüste, nur sechs Kilometer südlich des Dorfes Mahan. Er ist zirka 5,5 Hektar groß und wurde vom Kadscharenprinzen Abdul Hamid Mirza 1873 angelegt. Nach dessen Tod stellte ihn der Stadthalter Kermans in den 1890er Jahren fertig.

Den rechteckig angelegten Garten säumt eine Mauer. Über mehrere stufenförmig angelegte Ebenen mit Pools und Pavillons erreichen wir das Schloss. Ein zentral angelegter Wasserlauf mit Fontänen und große Bäume sorgen für ein angenehmes Klima. Diente früher der Schlosspavillon im Zentrum des Gartens als Sommerresidenz des Prinzen, werden heute Teile des Schlosses als Restaurant genutzt.

Das Dorf Mahan ist nicht nur für den in seiner Nähe gelegenen Schahzadeh-Garten bekannt, sondern auch für die Grabstätte des Sufiführers Shah-Nematollah-e Vali. Die Grabstätte dieses Dichters, Weisen, Sufis und Gründers des Derwischordens ist ein komplexer Bau, dessen Kuppel und Zwillingsminarette vollständig mit türkisen farbigen Fliesen bedeckt sind. Er wird heute noch von vielen Pilgern besucht.

Grabstätte des Sufiführers Shah-Nematollah-e Vali

Blick auf Yazd

YAZD

Um unser Reisebudget nicht unnötig zu strapazieren, suchen wir mit Masoud nach einer preiswerten Reisemöglichkeit. Er kommt auf die Idee, mit dem Zug zu fahren. Das dauert zwar gute sieben Stunden, kostet uns aber umgerechnet nur 1,50 € pro Person. Es stellt sich heraus, mehr war der Zug auch nicht wert. Wir sitzen zwar halbwegs bequem, aber es gibt keine Klimaanlage. Also sind alle Fenster geöffnet.

Wir fahren vorbei an Pistazienwäldern in Richtung Yazd mitten hinein in die Wüste. Als sich die Sonne verdunkelt haben alle Mitreisenden alle Hände voll zu tun, die Fenster zu schließen. Wir rasen durch einen Sandsturm. Die Fenster sind zu und der Sand bleibt draußen, aber die Luft wird im Wagon jetzt knapp. Als der Sandsturm vorbei ist, werden schnell die Fenster wieder geöffnet. Da das noch ein paar so Mal passiert, heißt das Spiel: Fenster auf, Fenster zu. Nur einmal klemmt ein Fenster. Das Ergebnis ist, dass wir alle von oben bis unten eingepudert sind und sich der feine Wüstensand überall festsetzt.

Yazd gehört zu den ältesten Städten Irans und ist zugleich die Hauptstadt der gleichnamigen Provinz. Diese liegt etwa 250 Kilometer östlich von Isfahan. Die größtenteils aus Lehmziegeln erbaute Oasenstadt besteht seit dem dritten Jahrtausend vor Christus und war das Zentrum des zoroastrischen Glaubens in Iran. Deshalb findet man dort heute auch noch viele Feuertempel.

Türme des Schweigens in Yazd

Eine Begräbnisstätte der Zaroastrier liegt vor der Stadt. In der vorislamischen Zeit waren für die Menschen die 4 Elemente Wasser, Feuer, Erde und Luft heilig. So war es ein Problem, Verstorbene zu beerdigen, denn die 4 Elemente durften nicht beschmutzt werden, und ein Toter galt als unrein. Man fand eine Lösung. Nach einer festgelegten Beerdigungszeremonie brachte man den Leichnam auf die Türme des Schweigens. Dort „befreiten" dann die Geier den Toten vom Fleisch und die sterblichen Überreste konnten danach bestattet werden. Allerdings nahmen die Geier rapide zu und man wurde diese Geister, die man gerufen hatte, nicht wieder los. Darauf entstand eine Friedhofsanlage, welche die Bedürfnisse der Zaroastrier beachtete. Die Toten wurden in einer Art Betongräbern beerdigt, um das Element Erde nicht zu verunreinigen. Allerdings ließ man einige Luftlöcher, um Würmern und anderen Tierchen die Möglichkeit zu geben, den Verwesungsprozess in Gang zu bringen.

Moderne Grabstätte der Zaroastrier

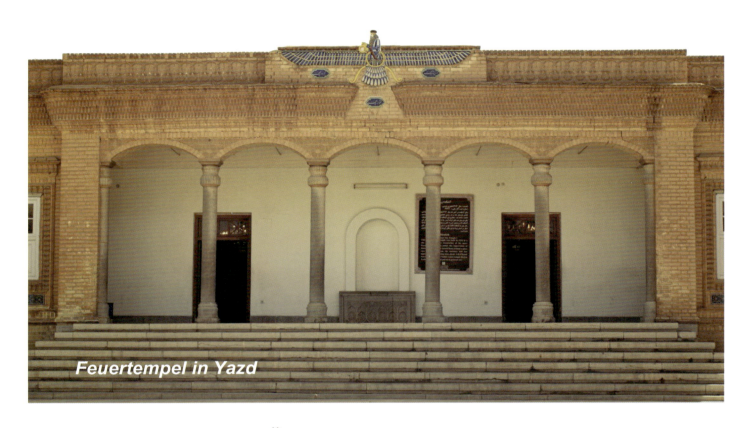

Feuertempel in Yazd

DIE DREI GRUNDSÄTZE DER LEHRE ZARATHUSTRAS:
„GUT DENKEN – GUT REDEN – GUT HANDELN"

Unterwegs durch die Wüste

Fährt man allerdings mit dem Auto nach Yazd, so wie wir das bei unserem ersten Iranbesuch gemacht haben, wechseln sich Gebirge und Wüste ab. Die Sonne lässt die Straße flimmern und vor den Augen eine Fata Morgana entstehen. Endlose Weite.

Unterwegs lässt nur eine verlassene Karawanserei vermuten, wie und wo sich die Karawanen vor langer Zeit eine Pause gönnen konnten. Das versuchen wir auch. Es ist ziemlich warm und wir bekommen die Kühle der Lehmbauten zu spüren, die vor vielen Jahren Teppich- oder Gewürzhändlern Schutz und Unterkunft boten.

Alte Karawanserei

Über unser Hotel sind wir angenehm überrascht. Im Innern des im typisch persischen Stil erbauten Gebäudes finden wir einen malerisch angelegten Garten mit Wasseranlage.

Hier sind die Temperaturen angenehm. Wir spüren nichts von den drückenden 36 Grad und beschließen spontan, im Freien zu Abend zu essen.

Doch zuvor wollen wir noch etwas mehr von dieser schönen Stadt in der Wüste sehen.

Hotel Garden Moshir-ol-Mamalek in Yazd

WINDTURM IM HOTELGARTEN IN YAZD

Moschee Amir Chakhmagh in Yazd

Freitagsmoscheen gehören zu den wichtigsten Gebäuden jeder iranischen Stadt. Architektonisch schön ist die Amir Chakhmagh Moschee in mitten von Yazd. Durch einen weiträumig angelegten Platz mit für den Orient typischen Wasserspielen verfehlt das Gebäude seine Wirkung nicht. Wie zwei Zeigefinger ragen die Minarette in die Höhe.

Beim Streifzug durch den Goldbasar von Yazd finden wir einen der Unterschiede zwischen arabischer und persischer Mentalität. So wird man es in keinem iranischen Basar erleben, dass ein Händler aufdringlich seine Waren feilbietet. Wir können stets in aller Ruhe durch das Labyrinth der Gänge wandeln und uns die Auslagen anschauen. Wir sehen uns oft nur Dinge an, trinken Tee und unterhalten uns mit den Menschen. Nie drängt man uns zum Kaufen. Das verbietet die Persische Höflichkeit!

Im Goldbasar

Unser Weg führt uns weiter zur Jame-Moschee, die mit ihren mit typischen Isfahan-blauen Mosaiksteinchen gestalteten Gebäudeteilen und Gebetsnischen den Besucher ins Staunen versetzt. In den Moscheen ist es angenehm. Ein ausgeklügeltes Lüftungs- und Beleuchtungssystem macht den Aufenthalt erholsam.

Nichtsdestotrotz ist uns nach einer Pause zumute. Es ist Mittagszeit, es ist heiß, wir haben Durst und suchen ein Plätzchen zum Ausruhen. Wie immer weiß Masoud Rat und einen sehenswerten Ort zum Verweilen: Das Hamam-e Khan ist ein ehemaliges Badehaus, das aufwendig renoviert und zu einem traditionellen Teehaus umgestaltet wurde.

In eine Teestube umgebautes Badehaus

Wir sind dankbar für die Erholung. Zwar sind wir individuell unterwegs, können Zeit und Ort unseres Verweilens auch selbst bestimmen, aber das gebuchte Programm und die Neugierde auf das, was Iran uns noch zu bieten hat, treiben uns weiter.

Wir finden in der Altstadt von Yazd einen Tuchladen, in dem noch ein originalgetreuer Webstuhl steht. Zum Teil wird auch heute noch auf diesem altertümlichen Gerät gewebt.

Einen Blick in einen Hinterhof gestattet uns freundlicherweise ein Teppichhändler. Wir kaufen zwar nichts, unterhalten uns aber angenehm, bestaunen die Vielfalt und Schönheit der persischen Teppiche und trinken natürlich mit ihm Tee.

Dass iranisches Brot nichts mit dem zu tun hat, was wir von zu Hause kennen, sehen wir hier in Yazd. Es wird in Steinöfen gebacken und schmeckt getrocknet super lecker. Andere Brotsorten wie Lawash, Nan-e Barbari oder Sangak lernen wir unterwegs auch noch kennen und mögen.

Wir durchstreifen weiter die Stadt. Vorbei am Alexander-Gefängnis, um das sich zahlreiche Legenden ranken. Das daran angrenzende "Mausoleum der 12 Imame" wird heute als Koranschule genutzt. Allerdings hat weder Alexander der Große das Gefängnis von innen gesehen noch einer der 12 Imame seine letzte Ruhestätte im Mausoleum gefunden.

Alexander-Museum

Spannend finden wir die verschiedenen aufwendig gearbeiteten Türen. Ein Blick hinter die Mauern der Wohnhäuser bleibt uns allerdings verwehrt. Das ist privat. In den eigenen vier Wänden bewegt sich und lebt nach jeder Iraner seiner eigenen Fasson. Hier feiert man mit Freunden oder ganz in Familie, hier gibt es kein Kopftuch und keinen Tschador. Die Benutzung der Klopfknaufe verrät, welche Art von Gast vor der Tür steht. Ein Knauf ist für die Familie und einer für Fremde bzw. für männliche oder weibliche Besucher. Am Klopfzeichen erkennt die Frau des Hauses, ob sie sich nach islamischem Brauch verhüllen muss oder nicht.

Typisch für die Wüstenstädte Irans sind Windtürme, die zur Regulierung des Klimas in den Wohngebäuden dienen. In Yazd finden wir dann auch den größten Windturm Irans, der sich in einer schön gestalteten Gartenanlage befindet, die viele Iraner zum Tee trinken und spazieren gehen einlädt.

Wassermuseum in Yazd

Sind die Entfernungen auch weit zwischen den einzelnen Städten, so finden sich doch am Wegesrand interessante Dinge. Zum Beispiel eine 4.000 Jahre alte Zypresse. Die Zypresse gilt in Persien als Lebensbaum und findet sich in vielen Teppichmotiven und Ornamenten wieder. Lebenswichtig in den Wüstengegenden sind Eishäuser. In diesen wurde im Winter gebrochenes Eis oder Schnee eingelagert. Das Lehmgebäude hielt das Eis kalt, so dass es lange zum Kühlen für Lebensmittel benutzt werden konnte.

Eishaus

4.000 Jahre alte Zypresse

SHIRAZ

Wir setzen unser Sparprogramm fort und entschließen uns, mit dem Bus nach Shiraz, der Hauptstadt der Südprovinz Fars, zu fahren. Shiraz gehört zu den fünftgrößten Städte Irans und liegt etwa 700 Kilometer südlich von Teheran entfernt im Zagros-Gebirge auf etwa 1.500 Metern Höhe. Die Fahrt dauert zwar auch sieben Stunden, ist aber mit einem klimatisierten modernen Reisebus eine wesentlich komfortablere Reisevariante. Für vier Plätze bezahlen wir etwa 25 € und bekommen auch noch ein kleines Lunchpaket.

Diese für ihre Gartenkultur bekannte Stadt nennt man auch „Den Garten Irans". Zwei mächtige altpersische Königshäuser stammen aus Shiraz: die antiken Achämeniden (559 bis 330 v. Chr.) und die Sassaniden (224 bis 651).

Mit offenen Armen empfangen uns im Jahr 2013 Sedigheh und Ebrahim, Tante und Onkel eines unserer iranischen Freunde. Obwohl beide nicht mehr die Jüngsten sind, - Onkel Ebrahim ist immerhin 86 Jahre alt - überschütten sie uns mit iranischer Gastfreundschaft. Wir versuchen, ihnen so wenig Arbeit wie möglich zu machen. Das geht prompt schief, denn sie sind traurig, wenn wir außer Haus essen wollen. Und so richten wir unsere Mahlzeiten so ein, dass wir mit Onkel und Tante gemeinsam essen können. Schwer gefallen ist uns das nicht, denn die immer lustige Sedigheh kocht sehr gut.

Shiraz

Moschee mit dem Schrein Schah Tscheragh

Jeden Tag sind wir unterwegs und entdecken Shiraz. Nicht nur sehr bedeutend, sondern besonders sehenswert ist zum Beispiel die Moschee mit dem Schrein Schah Tscheragh.

Es ist die Begräbnisstätte des Bruders des achten Imam Reza und damit auch eine der bekanntesten Pilgerstätten der iranischen Schiiten. Unzählige kunstfertige Spiegelarbeiten und fein gearbeitete Kacheln bedecken die Kuppel über dem Schrein und der Innenraum ist über und über mit grün schimmernden Spiegelmosaiksteinchen geschmückt, die mit mehrfarbigen Kacheln durchmischt sind.

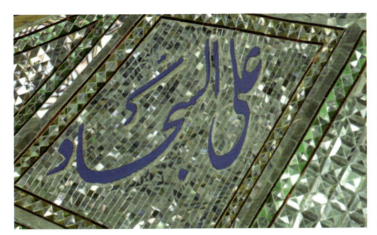

Völlig überwältigt bleiben wir im Eingangsbereich stehen. Dafür hat es sich gelohnt, einen Tschador umgehängt zu bekommen. In einer Nische der Moschee sitzen Frauen ins Gebet vertieft, in einer anderen liest eine Mutter mit ihrem Sohn aus dem Koran und in wieder einer anderen Ecke erledigen Schulkinder ihre Hausaufgaben. Selbst wir flüstern und versuchen, so unauffällig wie möglich zu fotografieren und zu filmen.

Nasir-ol Molk" – Rosenmoschee

Zu den Sehenswürdigkeiten, die wir besuchen, gehört neben der Rosenmoschee auch die Vakil-Moschee.

Sie wurde 1773 unter Karim Khan Zand erbaut, dem Regenten (Vakil) Irans von 1750 bis 1779. Die Moschee besitzt zwei Iwane und umfasst eine Fläche von etwa 10.000 m². Als Iwan bezeichnet man eine dreiseitig geschlossene Halle, die an ihrer Vorderseite völlig offen gelassen ist. Besonders eindrucksvoll ist der weitläufige Wintergebetsraum, der hinter dem Südiwan liegt. Die Halle wird von 48 markant gewundenen Säulen gestützt, die in fünf Reihen angeordnet sind. Die Fliesenarbeiten am Nord- und Südiwan stammen überwiegend aus der Qajarenepoche und zeigen ungewöhnlich realistisch verschiedene Pflanzen.

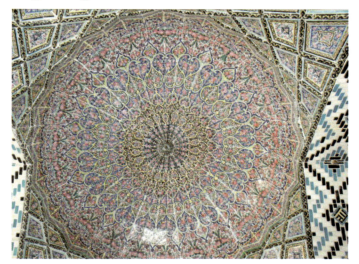

Vakil-Moschee

Vakil-Basar

Der gleichnamige Basar gilt als Meisterwerk persischer Architektur. Der von zahlreichen Windkuppeln in den Ziegelgewölben bedeckte Bau erstreckt sich über 800 Meter und gilt als Meisterwerk der persischen Architektur. Er wird von 74 wohlproportionierten Bögen überdeckt. Faszinierend bunt sind die Waren und die Gewürze. Es ist trotz 36 Grad im Schatten angenehm, in ihm zu wandeln. Nicht nur wegen der zahlreichen Windkuppeln in den Ziegelgewölben, die im Sommer wie im Winter für ein gleichmäßiges angenehmes Klima sorgen, sondern vor allem, weil wir uns in aller Ruhe die Auslagen ansehen können. Kein Verkäufer bedrängt uns redselig etwas zu kaufen.

Gleich in der Nähe des Basars befindet sich die Freitagsmoschee. (Foto unten)

Sehenswert ist auch die Zitadelle des Karim Khan. Sie wurde 1766/67 erbaut. Karim Khan beauftragte mit dem Bau die besten Architekten und Künstler seiner Zeit. Er erwarb die besten Materialien aus anderen Städten und dem Ausland für die Konstruktion des Bauwerkes, das während seiner Herrschaft als Wohnpalast, aber unter den Kadscharen als Sitz des Gouverneurs genutzt wurde. Malerisch im Zentrum der Stadt gelegen umfasst die Zitadelle 4.000 Quadratmeter. Das Gebäude besteht aus vier hohen Mauern, die mit 14 Meter hohen Ziegeltürmen verbunden sind.

SAADI

In Shiraz fanden zwei berühmte Dichter Irans in anmutigen Mausoleen inmitten von gepflegten Gartenanlagen am Stadtrand ihre letzte Ruhestätte.

Am Grab von Saadi, der etwa von 1184–1282 lebte, überrascht uns hoher Besuch: der Bruder von Ajatollah Khomeini. Ehrfürchtig bittet eine Reiseleiterin ihre Gruppe, den Raum zu verlassen. Wir dagegen greifen zur Kamera und schießen ein paar Fotos. Natürlich nicht, ohne uns vorher mit kurzem Blickkontakt zum Sicherheitspersonal die Genehmigung dafür einzuholen. Man weiß ja nie! Denn meine Kamera und Fotos möchte ich schon heil nach Hause bringen...

Saadi, eigentlich Muscharraf ad-Din Abdullah, war ein herausragender persischer Dichter und Mystiker. Er ist der im Volk beliebteste Poet seines Landes. In seinen Kurzgeschichten und Gedichten erzählt er von seinen vielen Reisen, die ihn für fast 30 Jahre in den Hedschas und den Jemen, nach Syrien und Palästina führten, aber auch ins Sultanat der Rum-Seldschuken (Anatolien), nach Ägypten und Indien.

Erst als älterer Mann kehrte Saadi nach Shiraz zurück, wo er den Bustan (Frucht-oder Obstgarten) sowie den Golestan (Rosengarten) schrieb. Wie beliebt Saadi bei den Iranern ist zeigt, uns eine Saadi-Lesung an einem Abend. Menschen aller Altersgruppen strömen auf das Gelände seines Mausoleums, um den Versen Saadis zu lauschen, die von Schauspielern vorgetragen werden.

Verbundenheit

Die Menschen sind Glieder miteinander verwoben.
Von gleichem Stoff aus der Schöpfung gehoben,
Hat das Leben ein Glied mit Schmerz versehen,
Die anderen Glieder vor Leid vergehen.
Du, der kein Mitleid mit anderen kennt,
Bist unwürdig, dass man dich einen Menschen nennt.

Saadi, 13. Jahrhundert

Hafez-Mausoleum

HAFEZ

Noch beliebter als Saadi ist bei den Iranern aller Altersgruppen Hafez, der eigentlich Mohammad Schams ad-Din heißt und etwa von 1320 bis 1398 lebte und wirkte. Am Grabmal von Hafez treffen sich nicht nur frisch Verliebte, um aus seinem Buch zu lesen. Hat man auf eine Frage keine Antwort, wird Hafez gefragt, indem wahllos eine Seite seines Diwan (Gedicht-Sammlung) aufgeschlagen und gelesen wird. Ich habe noch keinen Iraner getroffen, der nicht auf diese Methode der Problemlösung schwört – ähnlich eines Orakels.

Viele junge Leute, aber auch ganze Familien haben sich hier versammelt. Als man mitbekommt, dass wir Ausländer sind, wird selbst Hafez für kurze Zeit uninteressant. Schnell umringt uns eine Menschentraube. Wir werden mit Fragen überhäuft und landen letztendlich als Teil eines Erinnerungsfotos auf vielen Handys.

Neugierig geworden, warum am Hafez-Denkmal Stühle über Stühle herbeischleppt werden, erfahren wir, dass am Abend eine Hafez-Lesung stattfinden soll. Da wir nichts Besseres vorhaben, sind wir als es dunkel wird, wieder bei Hafez, haben gute Sitzplätze ergattert und sehen plötzlich nur noch hellblau. Die vor uns sitzende Mädchenklasse hat sich bei den ersten Tönen der iranischen Nationalhymne von ihren Plätzen erhoben und ihre hellblauen Schuluniformen nehmen uns die Sicht auf das Hafez-Denkmal.

Natürlich stehen wir auch auf, dann hören wir der Musik und der weichen warmen Stimme des Redners zu, der Hafez rezitiert. Selbstverständlich vergesse ich nicht, auch zu fotografieren.

Das Testament von Hafez

Da ich im Trunke sterben werde,
Bringt mich auf die Art der Trunkenen unter die Erde.
Baut aus dem Rebstock mir einen Sarg,
Auf dem Weg zu Kharabt grabt mir mein Grab.
Die Totenwäsche mit deren Wasser nehmt vor,
Auf Trunkenen Schultern hebt mich empor.
Nichts als Wein schüttet auf mein Grab,
Zu meiner Trauerfeier bringt nur die Robab.
Eine Bedingung stell ich zu meinem Tode wieder,
Dass keiner weint, außer der Musik vom Harfenspieler.

Hafezgedicht:14. Jahrhundert

Die berühmten Rosenzüchtungen und ihr Blumenreichtum geben Shiraz ein spezifisches Gepräge. Der Bagh-e Eram zählt wegen seiner Schönheit, seiner Größe und seines Alters zu den bekanntesten Gärten.

Haben wir sonst die meisten Sehenswürdigkeiten fast allein besuchen können, strömen in den Eram-Garten ganze Scharen von Schulklassen aller Altersgruppen. Da es unmöglich ist, zu verheimlichen, dass wir Touristen sind, hat uns eine Mädchenklasse überfallartig umringt. Unsere iranischen Begleiter erklären, woher wir stammen. Und während die Betreuerinnen beschäftigt sind, muss ich Autogramme in Deutsch geben. Ich weiß nicht mehr, auf wie viele Zettel, Hefte oder Hände ich meinen Namen geschrieben habe. Jedenfalls waren diese elf- oder zwölfjährigen Mädchen nicht zu bändigen. Schließlich können wir uns doch befreien und die Schönheit des Eram-Gartens genießen.
Der Garten ist wunderschön angelegt, sehr gepflegt und ein Heer von Gartenarbeitern bemüht sich um die Anpflanzungen.

Die Geschichte des Gartens reicht bis in die Zeit der Seldschuken (1038-1194) zurück. Der heute noch in seiner ursprünglichen Form existierende Pavillon wurde vom Architekten Mohammad Hassan entworfen und erbaut. Ursprünglich diente der Garten Fürsten und Königen. Heute gehört er als botanischer Garten zur Universität von Shiraz und ist als Sehenswürdigkeit und Erholungsort für die Besucher geöffnet.

Ein anderer sehenswerter Garten ist der Bagh-e Naranjestan, der Orangengarten. In ihm befindet sich eines der am besten erhaltenen alten Häuser von Shiraz. Es wurde in den 70er Jahren des 19. Jahrhunderts erbaut und gehörte einer Kaufmannsfamilie, die aus Qazvin stammte. Der Naranjestan bewahrt bis heute die Eleganz und Kultiviertheit der iranischen Oberschicht des 19. Jahrhunderts.

Bagh-e Narenjestan - Orangengarten

Der iranische Begriff für "Garten" heißt "Paradaidha". Später wurde daraus in unserer Sprache "Paradies". Von den persischen Gärten gibt es verschieden Typen wie den „Hayat", was eigentlich Hof bedeutet und bei dem nicht Ästhetik vorrangig ist, sondern Funktionalität. Der Gartentyp „Bagh" dagegen besteht aus Rasenflächen, Blumenbeeten und Schatten spendenden Bäumen – begehbar auf weißen Kieswegen. Das Sonnenlicht wird genutzt, um Muster in die Gärten zu integrieren, die sich mit dem Tagesablauf der Sonne stets ändern. Eingebunden werden häufig auch Springbrunnen und Teiche. Oft findet man die Gärten mit den Innenhöfen der Wohnhäuser verbunden. In den Gärten – so glaubt man – werden der Geist und das Geistiche gefördert.

Im Jahr 2011 wurden neun dieser Gärten in die Liste der UNESCO-Welterbestätten aufgenommen. Das sind die Gärten "Bagh-e Shahzadeh", "Bagh-e Abas-Abad", "Bagh-e Akbariyeh", "Bagh-e Chehel Sotun", "Bagh-e Eram", "Bagh-e Fin", "Bagh-e Pahlavanpur" sowie "Bagh-e Dolat Abad" und der "Persische Garten".

PERSISCHE GÄRTEN

Die Gartengestaltung bildet einen Grundbestandteil der persischen Kultur. Der Begriff "persische Gärten" bezieht sich auf eine seit mehr als 3.000 Jahren überlieferte Art, Gärten anzulegen, die in Iran und benachbarten Regionen beheimatet ist. Diese hatte derartige Wirkung, dass der altiranische Begriff für Garten "Paradaidha" als „Paradies" in viele europäische Sprachen Einzug gehalten hat. Die Anfänge der Gärten in Iran werden 4.000 Jahre v. Chr. angesetzt.

Der Garten ist wohl aus dem Verlangen der Menschen in Iran nach Grün entstanden. Diese Gärten sind die Vorläufer der modernen Gärten und wurden über die Jahrhunderte von den großen Palastgärten und Jagdgründen von Persepolis bis zu den Nachtigall-Gärten im Teheran des 19. Jahrhunderts immer weiter entwickelt.

Die Ruinen des ersten persischen Gartens gehen auf Kuroush den Großen zurück. Sie wurden in der Ebene von Marvdascht in Süd-Iran gefunden. Dieser Garten hatte einen geometrischen Grundriss und steinerne Wasserläufe. Durch die Kombination von Baukunst und Grün, Kanälen und Schattenspendern legte Kuroshs Garten den Grundstein aller späterer persischen Gärten.

Nach dem Arabersturm wurde der persische Garten zum Symbol des islamischen Paradieses. Die Invasion der Mongolen im 13. Jahrhundert verstärkte die bauliche Verzierung im Garten. Persische Teppiche lassen darauf schließen, wie die Gärten dieser Zeit ausgesehen haben müssen, denn sie bilden oft stilisierte Gartenmotive ab. Die Teppichumrandungen symbolisieren Grenzmauern und Wege. Die innere Teppichfläche ist meist in Viertel geteilt, die ihrerseits sechs Quadrate beinhalten. Diese sind mit Blütenmustern oder stilisierten Bäumen verziert.

Während der Safawidendynastie wurden Herrschaftsgärten von epischen Ausmaßen entwickelt und gebaut. Diese Gärten stellen nicht nur eine Erweiterung der Palastanlagen dar, sondern wurden zu einem ästhetischen und funktionalen Bestandteil aller weiteren Prunkbauten.

In den folgenden Jahrhunderten begann europäisches Gartendesign Iran zu beeinflussen. Besonders französische Gartentypen, aber auch russische und britische Gärten wurden zu Vorbildern. Neue Arten der Bewässerung und neue Beetpflanzen sind auf den Einfluss des Westens zurückzuführen.

Die traditionellen Gartenformen und -typen sind in Iran nicht mehr verbreitet. Sie können nur noch in Museen, aber auch an historischen Orten bewundert werden. Teile der reichen Bevölkerung pflegen noch traditionelle Gärten.

Eine Gartenanlage dient in erster Linie der Erholung und Entspannung. Auch wird ein Garten als Ort der Spiritualität und sozialer Aktivitäten angesehen. Anders als ein chinesischer Garten kann ein persischer Garten entweder formal (d.h. der Gartenstruktur kommt eine besondere Bedeutung zu) oder mit Blick auf die Pflanzenwelt, angelegt sein. Einige einfache Regeln der Gartengestaltung müssen erfüllt werden, um die Möglichkeiten des Gartenbaus voll ausschöpfen zu können und doch ein Maximum an Funktionalität, Struktur und Gefühlswirkung auf den Besucher zu erlangen.

SONNENLICHT

Bedeutende Faktoren der strukturellen Gestaltung in persischen Gärten sind das Sonnenlicht und Lichteffekte. Architekten bändigen das Sonnenlicht, indem sie Muster und Formen aus den Lichtstrahlen gestalten.

SCHATTEN

Aufgrund der südlichen Lage Irans sind Schattenplätze in der Gartenanlage notwendig. Während Bäume und Büsche natürliche Schattenspender sind, werden auch oft Pavillons und Mauern verwandt, um vor starker Sonne Schutz zu bieten. Versierte Architekten lassen durch Schattenspiele besondere Effekte entstehen.

WASSER

Da es neben den vielen Wäldern in Iran auch sehr trockene Gebiete gibt, kommt Wasser besondere Wichtigkeit zu. Eine Art Aquädukt tief unter der Erde, das Qanat genannt wird, bewässert den gesamten Garten. Man vermutet, dass diese Art der Bewässerung, deren Kanäle unter dem Grundwasserspiegel entlangführen, bereits mehrere tausend Jahre alt ist. Sie hat sich derart bewährt, dass sie heutzutage noch zu finden ist. Wellenartige Bewegungen, die durch wassermühlenähnliche Räder erzeugt werden, lassen das Wasser beständig an die Erdoberfläche fließen.

GEBÄUDE

Neben Bögen, Mauerwerk und Prachtbauten sind in vielen Gärten Pavillons zu sehen.

Tontäfelchen, die in Shiraz gefunden wurden, belegen, dass die Stadt bereits vor der Einwanderung der Perser existierte und wahrscheinlich elamitischen Ursprungs ist. Doch erst unter der Herrschaft der Perser erlangte Shiraz wirtschaftliche Größe und politische Bedeutung. So übernahm die Stadt nach dem Fall des Persischen Reiches der Achämeniden und der Zerstörung von Persepolis durch Alexander die Rolle des kulturellen Zentrums der Perser.

Erst im 18. Jahrundert erholte sich die heutige offizielle Kulturhauptstadt Irans unter Karim Khan Zand von den Kriegen, Auseinandersetzungen und mongolischen, türkischen und afghanischen Überfällen und erlebte eine Blütezeit, besonders in Wirtschaft und Kultur.

Da wir noch den Geburtstag meines Mannes feiern wollen, suchen wir uns ein traditionelles Restaurant mit Livemusik. Als wir uns wieder verabschieden, spricht der Chef der Bäckerei zu unserer Verwunderung Deutsch. Nach ein paar netten Worten verrät Masoud den Grund unseres Besuches. Spontan fordert uns der Bäcker auf zu warten. Er backt extra für meinen Mann ein Geburtstagsbrot im Steinofen.

Koran-Tor in Shiraz

Alle Schönheiten von Shiraz kann man selbst nach drei Besuchen nicht sehen und erkunden – das ist einfach nicht drin. Wir beschränken uns auf das Wesentliche. Manchmal muss man aber auch bestimmte Dinge zweimal sehen. So bestehen wir darauf, das Koran-Tor auch noch am Abend besuchen zu wollen. Wie sich zeigt, lohnt sich der Besuch.

Das Koran-Tor liegt im Norden der Stadt an der Straße nach Isfahan und stammt aus dem 10. Jahrhundert. Während einer Restaurierung im 18. Jahrhundert ließ Karim Khan Zand zwei Exemplare des Korans in einer Kammer im oberen Teil des Tores einlagern. Der Koran sollte den Reisenden Glück bringen und eine sichere Heimkehr gewährleisten. Das Koran-Tor wurde wegen einer Neugestaltung der Straße in den 50er Jahren abgebaut, verlegt und originalgetreu wieder aufgebaut. Nicht nur an Feiertagen ist der modernisierte Platz um das Tor ein beliebtes Ausflugsziel. So entschädigt uns nicht nur die fantastische Beleuchtung dafür, dass wir uns nochmals auf den Weg machen, sondern auch die milde Abendluft.

Wie schon in Teheran erlebt, strömen auch die Shirazi (so nennt man die Einwohner von Shiraz), sobald die Dämmerung einsetzt, aus ihren Wohnungen und belagern alle freien Grünflächen der Stadt. Man trifft sich zum Grillen und Abendessen oder einfach nur zum Unterhalten im Freien. Direkt am Berg neben dem Koran-Tor entsteht ein modernes 5-Sterne-Hotel.

Die Aussicht ist am Abend noch umwerfender als am Tage! Filmend und fotografierend erklimmen wir den Hügel zum zweiten Mal an diesem Tag. Und es lohnt sich! Shiraz ist ein einziges Sternenmeer. Bis zum Horizont funkelt die Stadt. Oben auf einer Art Terrasse gibt es Pritschen zum Sitzen, zum Wasserpfeife rauchen und Tee trinken oder einfach nur, um den Ausblick zu genießen. Wir müssen uns losreißen, denn am nächsten Morgen geht es nach Persepolis, der Stadt der Perser.

PERSEPOLIS

TAKHT-E DSHAMSHID – PERSEPOLIS

Wir folgen der Empfehlung unseres Reiseführers Masoud und machen uns für persische Verhältnisse früh auf den Weg nach Persepolis, um 60 Kilometer nordöstlich von Shiraz das UNESCO-Weltkulturerbe zu besichtigen, ohne dass uns Touristengruppen stören.

Takht-e Dshamshid - Thron des Dshamshid - so hieß die altpersische Residenzstadt Persepolis. Sie war die Hauptstadt des antiken Perserreiches unter den Achämeniden und wurde 520 vor Christus von Darioush I. im Süden des heutigen Iran gegründet. Der Name Persepolis stammt aus dem Griechischen und bedeutet „Stadt der Perser". Der persische Name bezieht sich auf Dshamschid, eines mythologischen Königs der Frühzeit. Das persische Weltreich reichte unter Darioush I., dem Großen, von Kleinasien und Ägypten bis zum Indus.
Die damals im persischen Weltreich vereinten 28 Völkerschaften waren ein freiwilliger Staatenverband. Ihre Kultur, ihre Religion, ihre Sitten und Gebräuche wurden geachtet, so wie es Kurosh in seiner Charta den Völkern versprochen hatte.

Als man die frühere Residenz Pasargad um 50 Kilometer verlegte, wurde am Fuße des Berges Kuh-e Rahmat eine 15 Hektar große Terrasse angelegt. Gebaut wurden die Paläste nicht von Sklaven, sondern durch bezahlte Arbeiter. Frauen und Männer erhielten für die gleiche Arbeit auch den gleichen Lohn. 200 Jahre erstrahlten die Gebäude und Paläste von Persepolis, bis sie die Truppen Alexander des Großen im Jahr 330 vor Christi in Brand steckten.
Der letzte Schah Irans, Mohammad Reza Pahlavi, ließ 1971 anlässlich des 2.500jährigen Jubiläums des iranischen Kaiserreiches Teile von Persepolis renovieren, Parkplätze anlegen und Geschäfte ansiedeln, um den Tourismus zu fördern. Nach der islamischen Revolution sanken allerdings die Besucherzahlen etwa auf ein Zehntel (einige Hundert pro Tag). Heute ist die Palaststadt ein Ort, mit dem sich viele Iraner identifizieren, obwohl oder gerade weil ihre Entstehung weit in vorislamische Zeit zurückreicht.

Beeindruckend farbenfreudig müssen die Paläste gewesen sein. Besuchern der damaligen Zeit muss der Atem gestockt haben beim Anblick des Hundert-Säulen-Saales oder des Audienzsaales, der Apadana – einem Saal mit 36 Säulen von knapp 20 Metern Höhe, deren Kapitelle mit Stier- und Löwenmotiven verziert waren.

Die breiten Aufgänge zur Apadana sind mit unzähligen wunderbaren Reliefs geschmückt. In langen Reihen sind die Vertreter der 28 Völker wie Meder, Babylonier, Araber und Ägypter, ferner Griechen, Skythen und Inder in ihrer Tracht sowie mit typischen Gesten und Waffen, mit denen sie dem König die Gaben ihrer Länder zum Neujahrsfest bringen, dargestellt.

Der prächtige Haupteingang zum Areal und zu den zwei großen Säulenhallen wird „Tor aller Völker" genannt. Das Tor ist wohl auch ein Symbol für die Toleranz, die den unterworfenen Völkern ihre eigene Lebensweise und Kultur beließ.

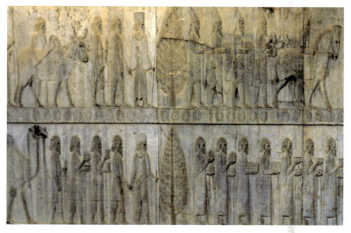

Während die fast 15 Hektar große Plattform in Persepolis nur ein einziges Königsgrab enthält, sind die anderen einige Kilometer weiter in einer steilen Felswand untergebracht, dem Naqsh-e Rostam. Kaum vier Kilometer nördlich von Persepolis befindet sich Naqsh-e Rostam mit einer Galerie von vier Felsgräbern, der Könige Darioush I., Xerxes I., Artaxerxes I. und Darioush II.. Zu den Grabkammern von Artaxerxes II. und Artaxerxes III. führt nur ein steiler Aufstieg. Das Innere

wurde früh geplündert und enthält keine Reliefs (mehr). Außen sind jedoch Teile der Leibwache des Perserkönigs Xerxes zu erkennen, die als die „10.000 Unsterblichen" bezeichnet werden. Gut, dass wir uns früh auf den Weg gemacht haben. Die Sonne brennt erbarmungslos. Es ist Mittagszeit. Nur wenige Besucher haben den Weg hierher gefunden. Zwei Iraner bringen ihre Fototechnik in Startposition. Mal wieder lasse ich mich in ein Gespräch verwickeln und versuche den beiden im freundlichen englisch-persischen Gemisch zu erklären, dass es ganz hinten an der Felswand eines der ältesten und am besten erhaltenen Reliefs gibt. Sie bedanken sich und unsere Wege trennen sich.

Königsgräber in Naqsh-e Rostam

In Naqsh-e Rostam befindet sich außerdem ein Turm, die Kaaba-ye Zardosht („Kaaba des Zoroaster"), der vermutlich schon unter Darioush I. entstand. Der Zweck dieses Baus ist nicht bekannt. Es gibt Vermutungen, dass es sich um einen Feuertempel oder eine weitere Grabstätte handelt. Er erinnert aber auch an die Kaaba in Mekka.

Kaaba-ye Zardosht - „Kaaba des Zoroastrier"

GRABMAL KÖNIG KUROSH II. IN PASARGAD

PASARGAD

Wir statten auch der altpersischen Residenzstadt Pasargad einen Besuch ab. Sie liegt in 1.900 Metern Höhe im Zagrosgebirge auf einem Plateau etwa 130 Kilometer nordöstlich von Shiraz und war die erste Residenz des Perserreiches unter den Achämeniden. Pasargad wurde von dessen erstem König Kurosh II. gegründet. Vielleicht war es als Heerlager gedacht. Es wurde dann aber von seinem Nachfolger Kambyses II. zwischen 559 v. Chr. und etwa 525 v. Chr. ausgebaut. Die Stadt

erstreckte sich über ca. 300 Hektar und verfügte damals über ein ausgeklügeltes unterirdisches Bewässerungssystem. Heute sind die Ruinen der Paläste mit Monumentaltoren, Apadana und dem Empfangspalast mit reichem plastischem Schmuck zu sehen. Im heiligen Bezirk liegen der Feuertempel mit Altären und das Grabmal König Kurosh II. in einem weiträumigen Garten. Auf einen Sockel aus sechs Steinstufen ist ein Steingrab in der Form eines kleinen Steinhauses aufgesetzt.

WAS MAN ZUM PERSISCHEN WELTREICH WISSEN SOLLTE:

Im Jahre 539 v. Chr. eroberte der persische Reichsgründer und Großkönig Kurosh II. der Große kampflos Babylon. Nur einige Zeit später wurde eine Proklamation des Großkönigs veröffentlicht, die nach über 2.500 Jahren als erste Menschenrechtscharta gelten wird. Diese wurde in akkadischer Sprache in der damals üblichen Keilschrift auf einem Tonzylinder niedergeschrieben. 1879 fand man diesen Tonzylinder in Babylon (im heutigen Irak) bei Ausgrabungen. 1971 wurde der "Kurosh-Zylinder" von den Vereinten Nationen als erste Menschenrechtscharta bezeichnet und in alle UN-Sprachen übersetzt und veröffentlicht:

Nun dass ich mit dem Segen von Ahura Mazda [Gott] die Königskrone von Iran, Babylon und den Ländern aus allen vier Himmelsrichtungen aufgesetzt habe, verkünde ich, dass solange ich am Leben bin, und Mazda mir die Macht gewährt, ich die Religion, Bräuche und Kultur der Länder, von denen ich der König bin, ehre und achte und nicht zulasse, dass meine Staatsführer und Menschen unter meiner Macht die Religion, Bräuche und Kultur meines Königreiches oder anderer Staaten verachten oder beleidigen.

Ich setze heute die Krone auf und schwöre bei Mazda, dass ich niemals meine Führung einem Land aufzwingen werde. Jedes Land ist frei zu entscheiden, ob es meine Führung möchte oder nicht, und wenn nicht, versichere ich, dass ich niemals dies mit Krieg aufzwingen werde.

Solange ich der König von Iran, Babylon und den Ländern aus allen vier Himmelsrichtungen bin, werde ich nicht zulassen, dass jemand einem anderen unrecht tut, und wenn jemandem Unrecht geschieht, dann werde ich ihm sein Recht zurückgeben und den Ungerechten bestrafen.

Solange ich der König bin, werde ich nicht zulassen, dass sich jemand ohne einen Gegenwert oder ohne Zufriedenheit oder Zustimmung des Besitzers sich sein Eigentum aneignet. Solange ich am Leben bin, werde ich nicht zulassen, dass jemand einen Menschen zu einer Arbeit zwingt oder die Arbeit nicht gerecht vergütet.

Ich verkünde heute, dass jeder Mensch frei ist, jede Religion auszuüben, die er möchte, und dort zu leben, wo er möchte, unter der Bedingung, dass er das Besitztum anderer nicht verletzt. Jeder hat das Recht, den Beruf auszuüben, den er möchte, und sein Geld so auszugeben, wie er möchte, unter der Bedingung, dass er dabei kein Unrecht begeht.

Ich verkünde, dass jeder Mensch verantwortlich für seine eigenen Taten ist und niemals seine Verwandten für seine Vergehen büßen müssen und niemand aus einer Sippe für das Vergehen eines Verwandten bestraft werden darf. Bis zu dem Tage, an dem ich mit dem Segen von Mazda herrsche, werde ich nicht zulassen, dass Männer und Frauen als Sklaven gehandelt werden, und ich verpflichte meine Staatsführer, den Handel von Männern und Frauen als Sklaven mit aller Macht zu verhindern. Sklaverei muss auf der ganzen Welt abgeschafft werden! Ich verlange von Mazda, dass er mir bei meinen Vorhaben und Aufgaben gegenüber den Völkern von Iran, Babylon und den Ländern aus vier Himmelsrichtungen zum Erfolg verhilft.

ABSHAR-E MARGOON

Bevor wir Shiraz endgültig verlassen, zieht es uns zu einem der schönsten und bekanntesten Wasserfälle Irans, dem Margoon-Wasserfall. Er liegt etwa 125 Kilometer von Shiraz entfernt. Der Name bedeutet "schlangenähnlich". Der Margoon-Wasserfall ist wegen seiner natürlichen Schönheit nicht nur eine touristische Attraktion, sondern wurde auch in die Reihe der nationalen Naturdenkmäler Irans aufgenommen. Er hat eine Höhe von 70 Metern und eine Breite von rund 100 Metern. Dadurch, dass er selbst der Ursprung eines Flusses ist, unterscheidet er sich von anderen Wasserfällen. Steile Hänge mit verschiedenen Bäumen, wunderschön bemooste Felsen und angrenzende Quellen machen ihn zum sehenswerten Naturschauspiel.

Ausflug nach Homaijan

Die Tage in Shiraz vergehen wie im Fluge. Gerne folgen wir den Einladungen unserer iranischen Gastgeber. Es soll zu einem Wochenendgrundstück nach Homaijan gehen.

Bei dem Wort Wochenendgrundstück denke ich automatisch an unseren Kleingarten, der nur knapp 25 Autominuten von unserer Wohnung entfernt ist. Hier sind wir mehr als zwei Stunden unterwegs. Als es an die Verteilung der Sitzplätze im Auto geht, wird mir schlagartig klar, dass ich diese Strecke auf keinen Fall zusammengepresst wie eine Ölsardine absolvieren will. Zu fünft auf der Rücksitzbank! Ich melde Protest an und biete an, dass wir mit dem Taxi nachkommen. Unser Freund atmet erleichtert auf, weil seine Bedenken, dass es zu eng und unbequem wird, nicht akzeptiert wurden. Das alte System "was die Gäste wünschen ist Gesetz" bringt uns eine entspannte Fahrt ein.

Das Wochenendhaus ist gemütlich, bietet Platz für alle und hat sogar noch einen Swimmingpool (ohne Wasser) zu bieten. Es wird ein gemütlicher Abend. Nach einem Spaziergang durch die Gegend am kommenden Morgen holt uns unser Taxifahrer zurück nach Shiraz. Im Gepäck hat er die nächste Einladung zu einem befreundeten Journalisten.

So sitzen wir am folgenden Abend wieder gemütlich inmitten der iranischen Familien, essen und lachen zusammen. Neugierig befragt uns der Journalist zu unserer Meinung die Situation der Männer und Frauen in Iran betreffend. Ich sage lachend, dass ich den Eindruck gewonnen habe, dass nicht die Frauen in Iran um ihre Gleichberechtigung kämpfen müssen, sondern eher die Männer. Der Beifall ist groß und nach einigen politischen Gedankenaustauschen gibt er seiner Verwunderung darüber Ausdruck, dass die Deutschen so viel über Iran wissen und politisch gut informiert sind.

ISFAHAN

Unser nächstes Ziel ist Isfahan. Ein persisches Sprichwort sagt: „Isfahan nesf-e jahan" – Isfahan ist die Hälfte der Welt.

Geografisch gesehen liegt die Stadt in Zentraliran, runde 430 Kilometer südlich von Teheran, etwa 1.500 Meter über dem Meer in einer Flussoase im fruchtbaren Tal des Zayandeh Rud-Flusses am Rande des Zagrosgebirges. Im Süden und Westen der Stadt erheben sich die Bakhtiyar-Berge und im Norden und Osten erstreckt sich die iranische Hochebene, die in die großen Wüsten übergeht.

Wir nähern uns der Hälfte der Welt per Autobahn. Im Wechsel ziehen Berge und Wüsten an unserem Fenster vorbei. Die Fahrt macht müde, aber eigentlich wollen wir so viel wie möglich vom Land sehen. Klappt leider nicht immer.

In Isfahan gab es viele Völkerschaften, die in ihren eigenen Stadtteilen lebten. Die Stadt war sozusagen multikulturell und im Jahr 1598 wurde Isfahan zur Hauptstadt des Safawiden- Schahs Abbas I., der für den Ausbau der Stadt mehr als 30.000 Künstler und Handwerker aus dem ganzen Land nach Isfahan holte.

Viele von ihnen kamen aus der Stadt Jolfa und deren Umgebung und waren christliche Armenier. Jolfa ist eine Stadt im Nordwesten Irans an der Grenze zu Aserbaidschan. Schah Abbas I. räumte den Armeniern weitreichende Garantien und Privilegien für ihre Kultur und Religion ein.

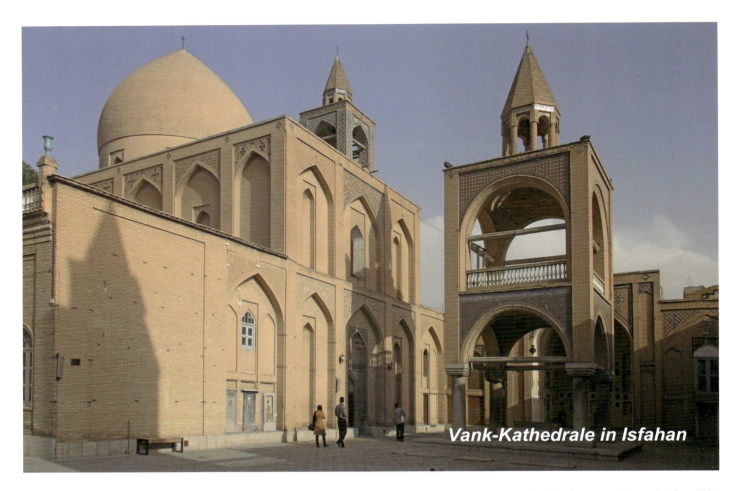

Vank-Kathedrale in Isfahan

Das armenische Viertel Isfahans heißt in Erinnerung an die Heimatstadt bis heute Neu-Jolfa. Die Armenier Isfahans bilden eine kulturelle und religiöse Gemeinschaft und werden von den muslimischen Einwohnern Isfahans und der Islamischen Republik Iran toleriert und mehrheitlich respektiert. Zentrum des Armenier-Viertels ist die Vank-Kathedrale. Sie vereint christliche Architektur mit persisch-islamischer Ornamentik und Gestaltungsformen.

Die Stadt ist vor allem bekannt durch den einmaligen Emam-Platz, den eindrucksvollen Basar, die alten und noch gut erhaltenen Brücken sowie den Chehel Sotun, dem Vierzigsäulenpalast, in dessen Inneren wunderschöne Malereien aus vorislamischer Zeit zu sehen sind.

Aber nicht zuletzt kennt man Isfahan auch durch die typischen feinen handgeknüpften Teppiche, die den Namen der Stadt tragen.

Ihre Glanzzeit erlebte Isfahan zur Zeit der Safawiden, die die Stadt 1598 zu ihrer Hauptstadt machten und durch zahlreiche Prachtbauten und Gartenanlagen verschönerten.

Verkehrstechnisch unterscheidet sich die Stadt nicht von Teheran, Shiraz oder Yazd. Warum auch? Was auffällt, sind die sorgfältig angelegten und gepflegten Parkanlagen, welche die Hauptverkehrsadern säumen.

Chehel Sotun - 40-Säulen-Palast

Das heutige historische Stadtbild wird durch Paläste, eine Vielzahl Minarette und die blauen Kuppeln der Moscheen geprägt. Der Meidan-e Emam (früher Königsplatz) misst etwa 500 mal 150 Meter, trägt den Beinamen "Abbild der Welt" und wird von doppelstöckigen Arkaden eingefasst. Sie beherbergen Werkstätten und Geschäfte.

Eindrucksvoll sind die Prachtmoscheen mit ihren für die persischen Sakralbauten typischen großen Iwans (Bögen) rund um den Imam-Platz im Zentrum der Stadt. Er ist weltweit der größte Platz seiner Art und zählt zum Weltkulturerbe der UNESCO.

Palast Aali Qapu - „Hohe Pforte"

Der Meidan-e Emam in Isfahan

Ursprünglich diente er Festen, Polospielen und Hinrichtungen. Später wurde er zu einem Park umgestaltet. An jeder Ecke ist er mit einem Gebäude geschmückt: mit den islamischen Moscheen Lotfollah und Masdjed-e Emam sowie dem Palast Aali Qapu, was so viel wie „Hohe Pforte" heißt.

Wir sind fasziniert von der Größe und Schönheit dieses Platzes und besuchen jedes der für sich prächtigen und einzigartigen Bauwerke.

Keine Kuppel gleicht der anderen, kein Muster in den reichverziert mit blauen Mosaiksteinchen reichverzierten Bögen ist doppelt.

Wie viel Kunstfertigkeit, Zeit und Liebe zum Detail stecken in diesen Jahrhunderte alten Gebäuden, wie viel handwerkliches Können!

Moschee Lotfollah

Masdjed-e Emam

Im Inneren der Moschee Lotfollah

Das Nachmittagslicht verleiht dem Platz einen besonderen Charme. Wir beobachten, wie sich die Rasenflächen nach und nach mit Menschen füllen. Das persische Phänomen des Picknickens holt uns auch hier ein. Wir können dem persischen Safraneis, das es im Basar gibt, nicht widerstehen, schlendern über den Platz und fallen natürlich als Touristen wieder auf. Wie immer werde ich mit neugierigen Fragen überhäuft. Warum wir nach Iran gekommen sind, welche Stadt und was uns am besten in Iran gefällt, interessiert vor allem die jungen Leute. Ich kämpfe mich mit meinen Persischkenntnissen durch und stelle fest, dass immer mal ein paar Vokabeln fehlen oder sie mir einfach nicht einfallen wollen. Glücklicherweise nimmt mir das niemand übel und so bin ich manchmal froh, wenn mein Mann drängelt und ich das Gespräch beenden kann.

Bis die Dämmerung der Nacht weicht und der Platz in bunte Lichter getaucht wird, genießen wir den Ausblick von einer Terrasse aus. Das dort befindliche Teehaus erreicht man nur über eine schmale steile Treppe – Gegenverkehr. Wir sind froh, die Stiege erklommen und ein Plätzchen mit Aussicht gefunden zu haben. Die Mühe hat sich gelohnt: Mit einem prüfenden Rundblick wissen wir, was uns am kommenden Tag bevorsteht: Ein Gang durch einen der schönsten Basare Irans. Doch zuvor widmen wir uns dem iranischen Tee und den dazu gereichten Keksen. Wieder kommen wir mit unseren Tischnachbarn ins Gespräch.

Dieses Mal sind es Italiener, die sich nach einer Woche, in der sie dienstlich in Teheran zu tun hatten, auf den Weg über Isfahan nach Shiraz gemacht haben. Sie sind ebenso begeistert von Land und Leuten wie wir. Die treffende Antwort auf unsere Frage: "Wie finden Sie die iranischen Menschen?" lautet prompt: "The best people of the world!"

Der sich am nördlichen Ende anschließende Basar gehört zu den größten und eindrucksvollsten nicht nur Irans, sondern des Vorderen Orients und ist berühmt für die Vielfalt und Qualität des Kunsthandwerks und der Teppiche. Das moderne Isfahan ist Universitätsstadt.

Neben Fabrikationsstätten der Nahrungsmittel-, Stahl-, Öl-, Textil- und nicht zuletzt auch der Atomindustrie gibt es vor allem noch viele Betriebe des Kunsthandwerks. So staunen wir über Schachteln und Schatullen aus Kamelknochen, die genauso farbenfroh bemalt werden wie Teller, Krüge und Vasen aus emailliertem Kupfer. Aber auch kunstvolle Silberarbeiten findet man.

Wir lassen es uns am kommenden Tag nicht nehmen und durchwandern tatsächlich den Basar in seiner gesamten Länge und Breite, immer auf der Suche nach noch ein paar Souvenirs. Die Entscheidung fällt uns nicht leicht. Wir entscheiden uns nach längerem Vergleichen und Handeln für typische Handarbeiten aus Isfahan: Teller, Vase und Karaffe aus emailliertem Kupfer und mit Hand bemalt. Abgesehen davon, dass wir nicht so recht wissen, was wir mitnehmen sollen, ist es auch faszinierend, den Handwerkern über die Schulter zu schauen. Es klopft und hämmert in der einen Nische, in einer anderen werden mit ruhiger Hand Muster auf Vasen und Teller getupft.

111

Dann staunen wir nicht schlecht. Ein schätzungsweise 1,50 Meter hoher gusseiserner Pokal soll transportiert werden. Ein paar Männer bugsieren das Ding auf einen kleinen Transporter. Das Fahrzeug stöhnt unter der Last. Ein paar Seile sollen Stabilität geben und zwei Männer stehen mit auf der Ladefläche. Wir können uns nicht vorstellen, wie sie diesen Koloss halten wollen, kommt er ins Rutschen. Freundlich lachend winken sie uns beim Abfahren zu.

Nicht nur der prächtige Imam-Platz ist sehenswert. Isfahan hat auch einige historische Brücken. So zum Beispiel die 33-Bogen-Brücke über den Zayandeh Rud-Fluss oder die Khaju-Brücke. Wie immer sind wir neugierig darauf, wie sich das Gesehene vom Tage in der Dunkelheit darstellt. Und wieder einmal mehr werden wir von der Macht des Lichts überzeugt.

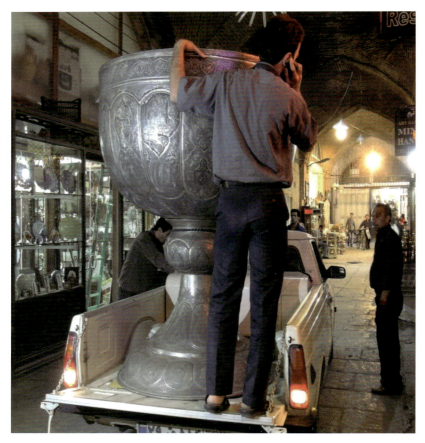

Ein wenig enttäuscht sind wir im Jahr 2011, dass der Zayandeh-Rud-Fluss, der normalerweise durch Isfahan fließt, kein Wasser führt.
Der Grund dafür liegt am nicht so schneereichen Winter und an zu geringen Niederschlägen, so dass das Wasser des Flusses für die Bewässerung der Felder abgeleitet werden muss. Zwei Jahre später freuen wir uns über das Wasser genauso sehr wie die Einwohner Isfahans.

33-Bogen-Brücke

Khaju-Brücke

Da es Freitag ist, treffen wir eine Gruppe alter Männer, die sich am Rande der Khaju-Brücke versammelt hat, um Tee zu trinken, zu reden und zu singen. Sie haben eine Decke unter einem Baum ausgebreitet, sitzen sich gegenüber und singen. Als sie uns kommen sehen, laden sie uns, wie es sich in Iran gehört, höflich zum Tee ein. Ich entschließe mich, die freundliche Einladung der Herren anzunehmen und setze mich zu ihnen. Wir hören ihren Gesängen zu, trinken Tee und ich bedanke mich nach einer Weile für ihre Gastfreundschaft.

Geht man mit offenen Augen durch Isfahan und beobachtet seine Umwelt, dann kann man mach Interessantes entdecken. So finden wir in der Nähe einer der schönen Brücken etwas für uns Überraschendes, Einmaliges: Eine Ladestation für Handys! Das Design, ein rechteckiger grell grüner Kasten, ist zwar recht krass, aber die Idee ist nicht zu toppen. Für Deutschland stelle ich mir das allerdings nicht praktikabel vor.

Handyladestation

Eine Attraktion in Isfahan sind zwei miteinander verbundene erdbebensicher gebaute Türme: die schwingenden Minarette. Versetzt man das eine Minarett in Schwingungen, bewegt sich das andere mit.

Wir kommen gerade zur richtigen Zeit. Viele neugierige Besucher haben sich bereits eingefunden, um der Vorführung beizuwohnen. Man muss schon genau hinschauen, um die Bewegung zu erkennen, aber ein extra angebrachtes Glöckchen beweist durch sein Läuten, dass sich beide Türme gleichzeitig bewegen.

Die schwingenden Minarette

Freitagsmoschee in Isfahan

Nicht unerwähnt soll auch die Freitagsmoschee in Isfahan bleiben.

Sie enthält Elemente persischer und islamischer Architektur von mehr als 1.000 Jahren.

Die Freitagsmoschee wurde an Stelle eines Feuertempels errichtet und immer wieder restauriert und umgestaltet, so dass in ihr heute zahlreiche Stilrichtungen vereint sind.

Der hier ausgestellte Mihrab von Oljaitu gilt als die wohl schönste überlieferte mongolische Stuckarbeit.

(Foto rechts)

Empfangshalle des Hotels Abbasi

Wie immer während unserer Iranreisen wissen wir, dass unsere Betreuer stets gute Restaurants kennen. Ein Geheimtipp ist in Isfahan das „Shahrzad". Hier muss man stets anstehen, um einen Platz im doch recht geräumigen Restaurant zu ergattern. Aber ein anderes Hotel zieht uns in seinen Bann: das Hotel Abbasi.

Garten im

Hotel Abbasi

INNENHOF HOTEL ABBASI

Es ist wie eine Reise in die Vergangenheit betritt man das Hotel Abbasi. Sultan Hussein lies den Gebäudekomplex im 17. Jahrhundert als Karawanserei erbauen. Im Jahr 1957 wurde die Karawanserei restauriert und zu einem Hotel, das seines gleichen sucht, umgebaut.

Heute zählt dieses mit seiner prunkvollen Innenausstattung und typisch orientalischen Gartengestaltung zu den eindrucksvollsten Bauwerken der Stadt. Alle Räume werden genutzt und es ist nicht nur Hotelästen gestattet, durch das Hotel zu wandeln wie durch ein Museum.

Doch nicht nur die als Restaurants genutzten Räume lassen uns staunen. Als wir den Garten betreten, fühlen wir uns wie im Märchen aus 1001 Nacht. Wasserläufe und Springbrunnen, Palmen, Tische und Stühle, die zum Verweilen, Entspannen und Tee trinken einladen, gestalten den Innenhof. Wie schon im Hotel in Yazd wird die heiße Luft durch die Parkanlage klimatisiert. Ringsherum in den Bogennischen befinden sich Hotelzimmer und darunter verschiedene Restaurants.
Wir freuen uns auf den Abend, den wir in dieser romantischen Atmosphäre ausklingen lassen wollen.

BISHAPUR

Haben wir bisher Mitteliran erkundet, so führt uns unser Weg jetzt nach Westen in Richtung irakische Grenze. Uns interessiert, wo die Wiege Irans liegt.

Zwischen Shiraz und Ahvaz liegt Bishapur. Übersetzt bedeutet das "Stadt des Shapur". Die sassanidische Residenzstadt liegt in der Provinz Fars ungefähr 23 Kilometer vom modernen Kazerun entfernt. Nach einer Inschrift von Shapur I. wurde Bishapur im Jahr 266 neu gegründet. Die Überreste von Bishapur bestehen aus drei Komplexen, der eigentlichen Stadt, der Festung und sechs Felsreliefs, die sich nicht weit im östlich gelegenen Nebental an den südlichen Felswänden befinden.

Mit den Reliefs wird vor allem die Person Shapur I. herausgehoben, aber auch andere Herrscher sind dort dargestellt. So zeigt eine Darstellung wie Shapur I. den Ring der Macht von Ahura Mazda überreicht bekommt. Ein anderes stellt den Sieg über die Römer dar.

Das eigentliche Bishapur ist bisher nur sehr wenig erforscht. Immer noch eine beachtliche Höhe weisen vor allem die Ruinen des Palastes aus. Im ausgegrabenen Thronsaal des Palastes befinden sich Nischen in den Wänden, die einst vermutlich Statuen des Herrschers beherbergten. Der gesamte Palast war mit Mosaiken dekoriert, die von römischen Gefangenen entworfen und hergestellt worden sein sollen.

Ruinenanlage Bishapur

AHWAZ

Schon die Besichtigung Bishapurs und der Felsreliefs lässt uns erahnen, dass es in den nächsten Tagen wärmer werden wird. Ahwaz liegt am Ufer des Flusses Karun mitten in der Provinz Khuzestan. Etwa 30 Prozent der Einwohner sind Iraner arabischer Abstammung, aber auch Luren und Schushtari sind vertreten.

Ahwaz befindet an der Stelle des antiken Tareina, das unter dem sassanidischen König Ardeshir I. ausgebaut und in Hormozd Ardeshir umbenannt wurde. Damals führte die persische Königsstraße von Susa nach Persepolis über den Fluss Karun. Der König baute in der Nähe der Stadt eine Brücke über den Karun, die gleichzeitig als Damm diente. Dadurch nahm die Bedeutung der Stadt zu und sie wurde Hauptstadt der damaligen Provinz Susania, bis muslimische Araber das Sassanidenreich eroberten und sie in Suq al-Ahwaz umbenannten. Unter den Arabern blieb Ahwaz bis zur Zandsch-Rebellion, die zum Niedergang der Stadt führte, wirtschaftlich wichtig. Nach und nach erholte sich die Stadt wieder. Allerdings brach im 15. Jahrhundert der Damm. Erst im 20. Jahrhundert wuchs Ahwaz wieder zur Provinzstadt durch die Entdeckung von Erdöl.

Wir genießen den warmen Abend am Fluss, erfreuen uns an der beleuchteten Brücke, trinken Tee und ruhen uns für den nächsten Ausflug am kommenden Tag aus.

SHUSH

Wir machen uns nach dem Frühstück auf den Weg und spüren schon, dass es ein heißer Tag werden wird. Unser Ziel ist Shush, auch Susa genannt, eine antike Stadt, deren Reste im Südwesten der Provinz Chuzestan liegen. Shush ist eine der ältesten durchgehend besiedelten Städte der Welt. Vom dritten bis zum ersten Jahrtausend vor Christi war Shush mit nur kurzen Unterbrechungen Hauptstadt des Reiches der Elamiter.

Shush liegt in einer Schwemmlandebene, die reich an Landwirtschaft ist, aber zugleich auch Knotenpunkt im Fernhandel zwischen Iran und Mesopotamien liegt. Nördlich liegen hohe Gebirge und im Süden, nicht weit entfernt, der Persische Golf.

Ruinenanlage von Shush

Die eigentliche Stadt lag östlich des kleinen Flusses Schaur. Heute bilden ihre Reste einen meterhohen baumlosen Schutthügel. Sie erstreckt sich auf einem Gebiet von über einem Quadratkilometer. Wir wandern in der Mittagssonne über die Ausgrabungsstätte, deren Boden schon reiche Funde freigegeben hat.

Nahe am Fluss befinden sich die von den Archäologen "Apadana" (im Norden) und "Akropolis" (südlich davon) genannten Stadtteile. Die Akropolis bezeichnet den höchsten Stadthügel. Im Osten schloss sich die sogenannte Königsstadt und noch weiter östlich das sogenannte Künstlerviertel an. Westlich des Flusses Schaur gab es weitere Bauten und Stadtteile.

Zentrum der Stadt muss der Tempel gewesen sein. Renovierungen und Umbauten an diesem Tempel werden immer wieder in Inschriften seit 2.000 vor Chr. erwähnt. Es handelte sich dabei wahrscheinlich um eine Zikkurat, einem gestuften Tempelturm wie er in Mesopotamien üblich war. Nichts davon ist erhalten.

Das Susa des Achämenidenreiches ist besser bekannt als die "Stadt der vorangegangenen Epochen". Die Stadt wurde zu einer der Residenzstädte des Reiches ausgebaut. Selbst beim griechischen Historiker Herodot findet die frühere persische Residenz Erwähnung.

Auf der Apadana wurde in dieser Zeit ein großer Palast für Darioush I. errichtet. Er war es vor allem, der die Stadt erheblich um- und ausbaute. Teile der Bevölkerung wurden nach Osten und Norden, in das so genannte Künstlerviertel, umgesiedelt. Auf der Akropolis stand nun eine Festung. Die Königsstadt war zu dieser Zeit von einer Mauer umgeben, die an ihrer Basis fast 20 Meter breit und zehn bis zwölf Meter hoch war.

Grab des Propheten Daniel

Im Osten stand ein großer Torbau und im Norden die Apadana, die Säulenhalle, die dem ganzen Viertel den Namen gab. Der Bau war reich mit Relief-Kacheln dekoriert. Viele Inschriften von Darioush I., meist in altpersisch, aber auch in elamitisch oder babylonisch verfasst, konnten im Palast und auch in der Stadt geborgen werden.

Neben diesem Palast gab es noch weitere derartige Bauten. Im Westen der Stadt, jenseits des Flusses Schaur, fand man ein achämenidisches Palastgebäude. Bei Bauarbeiten im Jahr 1969 kamen die Reste einer weiteren Säulenhalle, die Artaxerxes II. zugeordnet wurde, ans Tageslicht.

Von der Ausgrabungsstätte aus entdecken wir ein seltsames Bauwerk, das einem Zuckerhut gleicht. Es soll das Grab des Propheten Daniel sein. Nach biblischer Überlieferung könnte sich Daniel während seines babylonischen Exils in Shush aufgehalten haben. Über seinen Tod wird zwar in der Bibel nichts berichtet, aber nach jüdischer und arabischer Überlieferung könnte sich sein Grab im iranischen Shush befinden.

Zikkurat von Chogha Zanbil

128

CHOGHA ZANBIL

Etwa 40 Kilometer südöstlich von Shush besuchen wir eine mittel-elamitische Residenzstadt aus der Zeit von 1275 bis 1240 vor Christi – Chogha Zanbil. Mittelpunkt dieser ist ein ummauerter Tempelbezirk. Die heute noch 25 Meter hohe Zikkurat ist einer der am besten erhaltenen Tempeltürme Mesopotamiens. Ursprünglich war sie wohl 50 Meter hoch und hatte eine Seitenlänge von 105 Metern. Sie ist die älteste in Elam gefundene Zikkurat, die über einem mit Lehmziegeln besetzen Flachtempel errichtet wurde und aus einem Hochtempel mit vier Terrassen bestand. Der Zugang erfolgte nicht über die Außentreppe wie in Mesopotamien üblich, sondern über Treppen im Innern. Vermutlich war der Tempel mit glasierten Ziegeln verkleidet und die oberen Stockwerke ebenfalls mit glasierten Knaufziegeln verziert. An den Tempelportalen fand man halblebensgroße Tonfiguren von Stieren und Greifen. Im Umkreis der Zikkurat waren Podeste und kleinere ebenerdige Tempel, zu denen eine mit Backsteinfragmenten gepflasterte Prozessionsstraße zuführte.

Da der neben der Stadt gelegene Fluss Dez tief ins Gelände eingeschnitten ist und der Grundwasserspiegel mehr als 50 Meter tief liegt, musste das Wasser über einen 50 Kilometer langen Kanal aus dem Fluss Karkheh nahe Susa bezogen werden. Dieser endete in einem großen Reservoir und war mit kleineren Becken verbunden, die die Stadt mit Wasser versorgten. Das über 3.000 Jahre alte Bauwerk gilt als die älteste Wasseraufbereitungsanlage der Welt.

Nach dem Sieg Schapur I. über den römischen Kaiser Valerian in der Schlacht von Edessa wurden die römischen Kriegsgefangenen – wie auch beim bekannteren Band-e Kaisar – zur Errichtung der Brücke eingesetzt, die dadurch zahlreiche Facetten römischer Bautechnik aufweist.

Von dieser ziemlich langen Tagestour kommen wir erschöpft nach Ahwaz zurück und sind auf der Suche nach einem Restaurant. Alles scheint sich gegen uns verschworen zu haben. Entweder ist alles ausgebucht, weil es eine Trauerfeier oder eine Hochzeit zu begehen gilt oder das Restaurant hat einfach geschlossen. Unsere Begleiter, die zufällig beide Masoud heißen, mühen sich redlich und fragen alle möglichen Leute. Zum Schluss finden wir uns in einem japanischen Restaurant wieder. Es stellt sich heraus, dass dieser Tipp zu einer unterhaltsamen Einlage wird, denn unsere iranischen Begleiter werden vom Essen nicht wirklich satt. Bevor wir am kommenden Morgen weiter über Shushtar nach Khorramabad fahren, erzählen sie uns, dass sie an einem Imbiss noch etwas gegessen haben.

Dezful

Von den Römern erbaute Brücke in Shushtar

DEZFUL

SHUSHTAR

Unsere Erkundung der Wiege Irans geht weiter und führt uns nach Shushtar, das nördlich an das Bachtiari Gebirge grenzt, in dem die Quelle des Flusses Karun entspringt. Ein unterirdisches Kanalsystem versorgte die Stadt mit Wasser für den privaten Gebrauch und für die Bewässerung der Zuckerrohrfelder. Für dieses Kanalsystem, das bereits 226 nach Christi erbaut wurde, ist die Stadt bis heute berühmt.

Knapp oberhalb der Stadt teilt sich der Karun in zwei Teile, in „Gargar" und „Satit". Während Gargar die Stadt durchquert, umfließt sie Satit, um sich unterhalb von Shushtar wieder mit Gargar zu vereinigen. So hat Shushtar den Charakter einer Insel, die auf einem Felsen gebaut ist.

Historische Belege deuten darauf hin, dass dieser Inselcharakter durch die Sassaniden verursacht wurde, die den Gargar künstlich abspalteten, um den Wasserdamm "Mizan" zu erzeugen. Noch heute prägen diese vielen kleinen Wasserfälle, die in einem Wasserbecken münden, das Bild der Stadt. Auch heute dienen einige von ihnen noch Bewässerungszwecken.

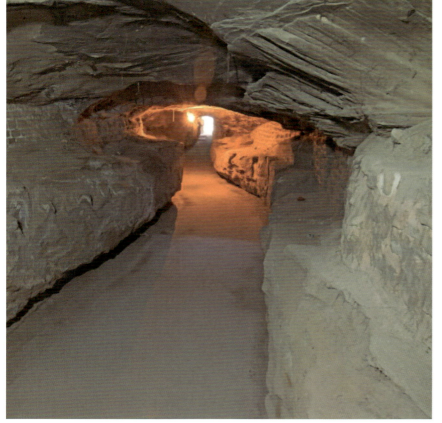

Die Stadt befindet sich auf der Persischen Königsstraße, die die elamitische Hauptstadt Susa mit dem achämenidischen Persepolis verband. Alexander der Große überquerte den Karun-Fluss 331 v. Chr. an dieser Stelle.

Nach der Niederlage Kaiser Valerians im Jahr 260 n. Chr. wurden der persischen Überlieferung zufolge zahlreiche römische Soldaten zum Ausbau des Bewässerungssystems von Shushtar herangezogen.

Der so entstandene Band-e Kaisar ("Caesars Damm"), eine originelle Verbindung aus Bogenbrücke und Stauwehr, hatte eine Länge von 500 Metern und gilt als die östlichste Römerbrücke und römische Staumauer. Die Mehrzweckanlage übte einen tiefen Einfluss auf den iranischen Ingenieurbau aus und trug maßgeblich zur Entwicklung der sassanidischen Wasserbaukunst bei.

Weitere Wassermühlen entstanden während der Regierungszeit der Safawiden, von denen heute noch einige erhalten sind.

Allerdings zerfiel im 19. Jahrhundert das Bewässerungssystem allmählich, so dass die Stadt ihren Status als landwirtschaftliches Zentrum einbüßte.
Das historische Bewässerungssystem von Shushtar wurde im Jahr 2009 in die Liste des UNESCO-Weltkulturerbes aufgenommen.

KHORRAMABAD

Weiter geht es nach Khorramabad, wieder werden unsere Koffer auf dem Dachgepäckträger verschnürt. Die Stadt liegt im Zagros-Gebirge im Westen Irans, etwa 50 Kilometer südlich von Kermanshah. Sie ist Hauptstadt der Provinz Lorestan und hat knapp 360.000 Einwohner, vorwiegend Luren, die den Dialekt "Lori" sprechen.

Die Stadt wird mit ihrem modernen Namen zum ersten Mal im 14. Jahrhundert erwähnt. Nach dem Orientalisten Minorski befand sich an gleicher Stelle die sassanidische Stadt Shapurkhast.
Khorramabad ist kein bekanntes Tourismuszentrum, besitzt aber ein sehr hübsches Stadtbild mit der großen aus dem Mittelalter stammenden Zitadelle Falak-ol-Aflak (Himmel der Himmel), in der sich heute ein Museum befindet, das Wissenswertes zu Kultur, Historie und Tradition der Menschen dieser Region vermittelt.

Unser erster Versuch, diese Festung zu besuchen, scheitert kläglich. Geschlossen. Wir müssen am nächsten Tag wiederkommen. So gehen wir spazieren und erholen uns. Am nächsten Morgen steigen wir zur Zitadelle hinauf und werden wieder einmal von Schülerinnen umringt, die scheinbar eine Zeichenstunde im Freien absolvieren.
Khorramabad ist das regionale Industriezentrum. Die Industrie beschränkt sich aber auf die Verarbeitung von landwirtschaftlichen Produkten. Erst der Bau einer Schnellstraße Ende des 19. Jahrhundert führte dazu, dass diese abgeschiedene Region besser erreichbar wurde.

Zitadelle Falak-ol-Aflak - Himmel der Himmel

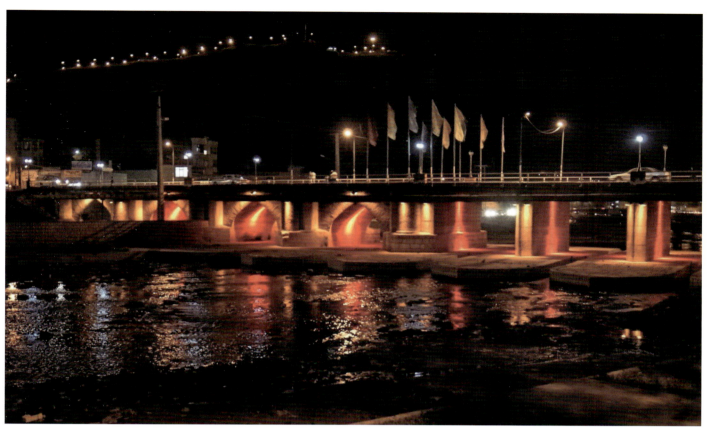

KERMANSHAH

Nach dem Historiker Hamdollah Mostowfi wurde Kermanschah im 4. Jahrhundert unter der Herrschaft des Sassaniden Bahram IV. gegründet. Dieser hatte als ehemaliger Gouverneur von Kerman den Titel "Kerman Schah" erhalten. Andere Quellen nennen den König Kavadh I. als Gründer.

Sicher ist jedoch, dass Kermanshah eine Sommerresidenz der Könige des Sassanidenreiches war, besonders von Chosrau II., genannt Parwiz, der dort einen Palast errichtete. Die berühmte Geschichte von Khosrau und Schirin im Schahname bezieht sich auf die Zeit von Khosrau Parwiz. Die Stadt war zu jener Zeit, ebenso wie Hamadan, ein wichtiger Ort an der Handelsroute nach Bagdad.

Im Lauf ihrer Geschichte wurde Kermanshah vielfach von fremden Truppen, unter anderem auch von den Arabern, besetzt. Im 11. Jahrhundert eroberten die Seldschuken die Stadt und machten sie zur Provinzhauptstadt der neu gegründeten Provinz Kurdistan, die den heutigen iranischen Teil Kurdistans umfasste. Mit dem Aufstieg der Safawiden wurde Kermanshah Grenzstadt zwischen dem Reich der Safawiden und dem Reich der Osmanen. Ab dem 17. Jahrhundert stellte der kurdische Stamm der Zangana die Stadtverwalter und Kermanschah wurde zur wichtigsten Stadt Persisch-Kurdistans.

Unter Schah Mohammad Reza Pahlavi entstand im Rahmen der Entwicklungsprogramme der Weißen Revolution in Kermanshah unter anderem eine bedeutende Ölraffinerie.

Nach der Islamischen Revolution kam es 1979 zu einem Streit über den Namen der Stadt und der Provinz. Zunächst wurden Kermanshah und die dazugehörige Provinz in Bakhtaran (Westen) umbenannt. Ihren ursprünglichen Namen erhielt sie nach dem iranisch-irakischen Krieg. Während dieses Krieges wurde die Stadt schwer verwüstet und obwohl sie heute nahezu vollständig wieder aufgebaut ist, leidet sie immer noch unter den Nachwirkungen dieses Krieges.

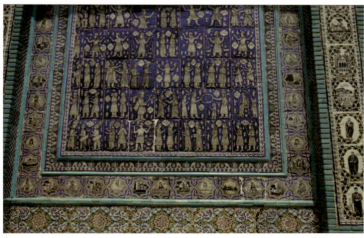

TAQ-E BOSTAN

TAQ-E BOSTAN

Doch bevor wir Kermanshah erreichen, erweckt eine Serie von großen Steinreliefs aus der Ära des Sassanidenreiches, das von 226 bis 650 bestand, unsere Aufmerksamkeit. Taq-e Bostan ist ein Beispiel der sassanidischen Kunst, das sich etwa fünf Kilometer nordöstlich von Kermanshah im Herzen des Zagros-Gebirges befindet. Dort war es fast 1.700 Jahre lang Wind und Regen ausgesetzt.

Es besteht aus einer großen und einer kleinen in den Fels gehauenen Halle mit bogenförmigen Decken - den so genannten Iwans - und einem großen Relief. Sie illustrieren die Krönungszeremonien Ardaschirs II. und Schapurs III. und zeigen außerdem auch Jagdszenen von Chosrau II.

Die Gravuren sind einige der feinsten und am besten erhaltenen Beispiele der persischen Bildhauerei unter den Sassaniden und zeigen Szenen der Amtseinführung von Ardaschir II., Schapur III. und Khosrau II. Wie andere sassanidische Werke betont Taq-e Bostan mit seinen Bildern Macht, religiöse Tendenzen, Ruhm, Ehre, die Größe des Könighofes, den Kampf- und Spielgeist, Festlichkeiten, Freude und Jubel.

Die sassanidischen Könige wählten ein schönes Umfeld für die Reliefs entlang eines Rastplatzes der historischen Seidenstraße. Die Reliefs liegen neben einer heiligen Quelle, die in ein Becken am Fuße einer Klippe mündet. Heute hat man den Fluss zu einem kleinen Wasserbecken angestaut, so dass das Areal zum Spazierengehen und picknicken einlädt. Am Abend werden die Reliefs angeleuchtet und am nahe gelegenen Fluss bietet ein Teehaus wieder die Gelegenheit, den Abend ruhig ausklingen zu lassen, bevor wir weiter nach Hamadan reisen.

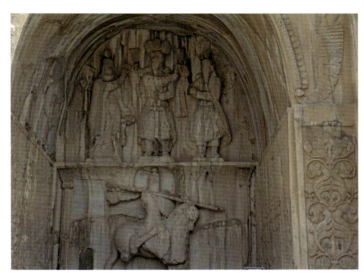

BISOTUN

30 Kilometer östlich von Kermanshah finden wir unweit von Hamadan, dem früheren Ekbatana, ein Dorf namens Bisotun. Ein steiler Felsrücken bei diesem Dorf, der so genannte Berg der Götter, und dessen Umgebung sind historisch bedeutende Orte an der Hauptverbindungsroute zwischen dem Mittelmehr und China.

Natürlich müssen auch wir dorthin. Doch dann sind wir ziemlich enttäuscht, denn das Relief wird restauriert und dadurch von Gerüsten verdeckt. Jedenfalls, so erfahren wir, verbirgt das Felsmassiv mehrere Reliefs. Das bedeutendste ließ der Achämenidenkönig Darioush I. einmeißeln. Die bildliche Darstellung, gut fünf Meter breit und drei Meter hoch, stellt Darioushs Sieg über Gaumata dar.

143

Mit der Szene, die von der geflügelten Sonnenscheibe des Gottes Ahura Mazda gekrönt ist, will Darioush seinen Thronanspruch legitimieren, den er sich in 19 verschiedenen Schlachten erkämpfen musste. Seine Proklamation im darunterliegenden Inschriftenfeld, die sogenannte Behistun-Inschrift, umfasst 1.200 Zeilen und ist dreisprachig in Altpersisch, Elamitisch und Neubabylonisch abgefasst. Deshalb war sie für die Entzifferung der Keilschrift ähnlich bedeutsam wie der Stein von Rosetta für die ägyptischen Hieroglyphen.

Etwa drei Meter oberhalb des Weges, der zum Darioush Relief hinaufführt, wurde bei Straßenbauarbeiten das Herakles-Relief aus der Zeit der Seleukiden freigelegt. Es zeigt fast vollplastisch den auf einem Löwenfell lagernden Herakles mit einem Becher in der Hand. Wenigstens ihn können wir uns live anschauen und so machen wir uns weiter auf den Weg und besuchen den Anahita-Tempel in der Nähe von Hamadan.

ANAHITA-TEMPEL

Kangavar ist der Ort eines historischen Monuments, dessen gesamtes Areal ca. 4,6 Hektar einnimmt. Die Reste befinden sich auf einer aus massiven Schieferblöcken gebauten Plattform, deren Fläche bis zu 32 Meter über dem darunterliegenden unebenen Erdboden liegt.

An zwei Seiten befanden sich jeweils zwei Treppen, über die man auf die Plattform gelangte. Von hier aus kann man auch heute noch das ganze Kangavartal einsehen. An drei Kanten der Plattform stand einst je eine Reihe von dreieinhalb Meter hohen ionischen Säulen.

144

Bis in die frühen 1980er Jahre wurde allgemein geglaubt, dass die Anlage als 'Tempel von Artemis' Erwähnung fand. 1840 fertigten zwei Franzosen Skizzen von der Anlage an und datierten diese auf das 1./2. Jahrhundert n. Chr. Da Artemis auch der griechische Name der zoroastrischen Anahita war, wurde entsprechend die Erwähnung in Isidoros als 'Tempel von Anahita' gedeutet.

Offiziell gilt die Anlage als "historisches Monument von Kangavar". Im Antrag, das Areal in die Liste der UNESCO-Weltkulturerbestätten aufzunehmen, werden die Ruinen nur noch als „Tempel von Anahita - berühmtes Monument" umschrieben.

Wir lassen die Tempelanlage hinter uns, denn auf uns wartet Hamadan.

HAMADAN

Die Hauptstadt der gleichnamigen Provinz liegt 300 Kilometer westlich Teherans inmitten eines gut mit Wasser versorgten Obstanbaugebietes am Ufer des Qareh zu Füßen des Zagrosvorgebirges. Hamadan liegt nicht nur günstig an der traditionellen Handelsroute zwischen Bagdad und Teheran, sondern auch auf der Verbindungslinie zwischen Tabriz und dem Persischen Golf im Süden.

Berühmt ist die Stadt seit der Antike als Handelszentrum an der Seidenstraße für Trauben, Mohn, Pelze und Teppiche. Heute dominiert die Landwirtschaft, weil die Infrastruktur im industriellen Bereich nicht so gut entwickelt ist.

Unter dem Namen Ekbatana war Hamadan seit seiner Entstehung im 2. Jahrtausend bis ins 6. Jahrhundert vor unserer Zeit als die Hauptstadt des iranischen Meder-Reiches bekannt. Sie zählt damit zu den ältesten Städten Irans. Von dort sollen übrigens die Heiligen Drei Könige nach Bethlehem aufgebrochen sein.

Ruinen in Hamadan, dem früheren Ekbatana

Ganj Namah – Schatzbriefe

Die Darioush-Inschrift lautet:

„Der große Gott ist Ahura Mazda,
der diese Erde geschaffen hat,
der jenen Himmel geschaffen hat,
der den Menschen geschaffen hat,
der die Freude geschaffen hat
für den Menschen,
der Darioush zum König gemacht
hat,
einen von vielen zum König,
einen von vielen zum Herrscher.
Ich bin Darioush,
der Großkönig,
König der Könige,
König der Länder vieler Völker,
König dieser großen Erde
auch fernhin,
Sohn des Hystaspes,
ein Achämenide.“

Die Xerxes-Inschrift lautet:

„Der große Gott ist Ahura Mazda,
der größte der Götter,
der diese Erde geschaffen hat,
der jenen Himmel geschaffen hat,
der den Menschen geschaffen hat,
der die Freude geschaffen hat
für den Menschen,
der Xerxes zum König gemacht hat,
einen von vielen zum König,
einen von vielen zum Herrscher.
Ich bin Xerxes,
der Großkönig,
König der Könige,
König der Länder vieler Völker,
König dieser großen Erde
auch fernhin,
Sohn des Darioush,
ein Achämenide.“

Für unsere Erkundungen in und um Hamadan hat uns Salar eine ortskundige Begleiterin organisiert. Fatmeh ist Studentin und arbeitet in einer Bibliothek. Sie führt uns unter anderem zum Grabmal von Baba Taher, zur Gedenkstätte von Avicenna und den Schatzbriefen, Ganj Nameh.

Gandj Nameh bezeichnet zwei Keilschrifttafeln aus der Zeit der Achämeniden, die in einen Felsen des Alvand-Gebirges gemeißelt sind. Man findet Gandj Nameh ungefähr zwölf Kilometer südwestlich des Zentrums, fünf Kilometer vom Stadtrand Hamadans entfernt, im oberen Bereich eines beliebten Naherholungsgebietes, dem Abbas-Abad-Tal. Dort befinden sich auch ein Wasserfall und die Talstation einer Bergbahn.

Nicht nur wir interessieren uns für die Inschriften. Die linke bezieht sich auf Darioush I. (549-486 v. Chr.), die rechte auf Xerxes I. (519-465 v. Chr.). Die Schrifttafeln sind, wie seit Darioush I. bei achämenidischen Inschriften üblich, in drei Sprachen verfasst. Der linke der drei 20-zeiligen Textblöcke ist in Altpersisch geschrieben, dann folgen in der Mitte die neuelamitische und rechts die neubabylonische Textversion. Da es uns schon in Teheran beeindruckt hat, mit der Seilbahn, im Iran "Telekabin" genannt, auf den Berg zu fahren, zieht es uns auch hier in luftige Höhe. Oben angekommen, empfängt uns saubere Bergluft. In einer Trockenwand haben es sich Spatzenpärchen in den Drainagerohren bequem gemacht.

Die sonstige Ruhe des Berges wird immer wieder jäh durch lautes Gelächter, Beifallrufe und Klatschen durchbrochen. Wir nähern uns neugierig dem Menschenauflauf auf dem Platz vor einer Moschee.

Bergplateau bei Hamadan

Neugierig fragen wir, was denn los sei. Wir erfahren, dass es die Auswertung einer Tombola ist, an der viele Wanderfreunde und –gruppen im Laufe des Jahres teilgenommen haben. Der Sprecher verliest Nummern und mit tosendem Beifall holt der Besitzer des Gewinnerloses seinen Preis ab.

Wir verlassen die lustige Gesellschaft, fahren mit der Gondel wieder hinunter nach Hamadan und besuchen das Grabmal eines persischen Dichters des 10. bzw. 11. Jahrhunderts: Baba Taher

Grabmal des Dichters Baba Taher

Baba Taher wuchs in Hamadan auf und ist einer der ersten bedeutenden Dichter der persischen Literatur. Über sein Leben ist wenig bekannt. Nur sein Spitzname Oryan (der Nackte) lässt vermuten, dass Baba Taher ein wandernder Derwisch war. Er schrieb vor allem Vierzeiler (Dobeyti) im Dialekt Mazandarans, aber auch auf Lori, Kurdisch, Arabisch und in den Dialekten Hamadans. Ihm werden an die 300 Vierzeiler im Zweier-Versmaß sowie eine Sammlung arabischer Maxime philosophischer und mystischer Natur zugeschrieben. Seine vor allem Liebesthemen und Themen aus dem mystischen Bereich gewidmeten Gedichte bilden oft die Basis der klassischen iranischen Musik.

Moschee in Hamadan

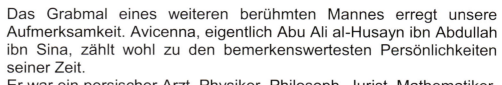

Das Grabmal eines weiteren berühmten Mannes erregt unsere Aufmerksamkeit. Avicenna, eigentlich Abu Ali al-Husayn ibn Abdullah ibn Sina, zählt wohl zu den bemerkenswertesten Persönlichkeiten seiner Zeit.

Er war ein persischer Arzt, Physiker, Philosoph, Jurist, Mathematiker, Astronom und Alchemist. Das gleichfalls als Museum angelegte Grabmal Avicennas gibt einen sicherlich nur kleinen Einblick in sein Schaffen.

Grabmal des Arztes Avicenna

WER WAR AVICENNA?

Abu Ali al-Husayn Abdullah ibn Sina wurde 980 in Afschana geboren, starb 1037 und wurde in Hamadan begraben. Die Familie zog nach Buchara und so lernte er, da seine Muttersprache Persisch war, zuerst Arabisch. Die ihm zugewiesenen Lehrer sollten ihm den Koran und die Literatur näherbringen. Bereits mit 10 Jahren konnte Avicenna den Koran auswendig. Er war Autodidakt und studierte die folgenden sechs Jahre Jura, Philosophie und Logik. Und von einem gelehrten Gemüsehändler lernte er indische Mathematik und Algebra.

Im Alter von 17 Jahren erwachte sein Interesse an der Medizin. Er studierte sowohl ihre Theorie als auch ihre Praxis und beschrieb die Heilkunst als „nicht schwierig". Weiterhin vertiefte er sich in metaphysische Probleme und die Werke von Aristoteles.

Bereits mit 18 Jahren ging ihm ein guter Ruf als Arzt voraus und so nahm ihn der samanidische Herrscher Nuh ibn Mansur in seine Dienste. Hier durfte der junge Avicenna die königliche Bibliothek mit ihren einzigartigen und seltenen Büchern nutzen. Dadurch gelang es ihm, mit 21 Jahren sein erstes Buch zu verfassen.
Er diente verschiedenen Herrschern und kam nach vielen Wanderungen nach Gorgan. Später gründete er in Rey, heute ein Vorort von Teheran, eine medizinische Praxis und verfasste 30 kurze Werke. Als Rey belagert wurde, floh Avicenna nach Hamadan.

Das Leben ibn Sinas war zu dieser Zeit nicht leicht. Tagsüber hatte er den Emiren zur Verfügung zu stehen und die Nächte verbrachte er mit Vorlesungen und dem Diktieren von Notizen für seine Bücher. Oft versammelten sich Studenten in seinem Haus, um aus seinen zwei Hauptwerken „Ketab ash-Shifa" und dem "Qanun", zu lesen.

Ibn Sina bemerkte die engen Beziehungen zwischen Gefühlen und dem körperlichen Zustand und befasste sich mit der positiven physischen und psychischen Wirkung der Musik auf seine Patienten. Zu den vielen psychischen Störungen, die er im Qanun beschreibt, gehört auch die Liebeskrankheit. Man erzählt sich, dass Ibn Sina diese Krankheit beim Prinzen von Gorgan diagnostiziert hat, der bettlägerig war und dessen Leiden die anderen Ärzte verwirrte. Ibn Sina bemerkte das Flattern des Pulses, als er die Adresse und den Namen der Geliebten des Prinzen erwähnte. Das Heilmittel des großen Arztes war denkbar einfach: Der Kranke sollte mit seiner Geliebten vereint werden.

Das bei weitem berühmteste Buch Avicennas war der Qanun at-Tibb, der Kanon der Medizin. Er vereint griechische, römische und persische medizinische Traditionen. 1650 wurde der Kanon zum letzten Mal an europäischen Universitäten benutzt. Neben dem Kanon gibt es noch 15 medizinische Werke ibn Sinas, von denen 8 in Versen geschrieben sind. Sie enthalten unter anderem die 25 Zeichen der Erkennung von Krankheiten, hygienische Regeln, nachgewiesene Arzneien und anatomische Notizen.

Nach dem Tod des Emirs bot ibn Sina dem Wesir des Herrschers Isfahans seine Dienste an. Das gefiel dem neuen Herrscher Hamadans gar nicht, so dass er den Arzt einkerkern ließ. Mit Hilfe seines Freundes al-Juzjani und zweier Sklaven gelang es ihm schließlich 1024 doch, nach Isfahan zu entkommen.

Sein aktives Leben ging auch an ihm nicht spurlos vorüber. So rieten ihm seine Freunde, sich zu schonen. Doch das entsprach nicht dem unruhigen und suchenden Geist Avicennas. Erschöpft durch seine harte Arbeit und sein hartes Leben starb ibn Sina im Juni 1037 im Alter von 57 Jahren. Angeblich wurde sein Ende durch eine falsch dosierte Gabe eines Medikaments durch einen Schüler beschleunigt.

Jüdisches Grabmal

Der Tag in Hamadan vergeht wie im Fluge. Wir besichtigen einen Turm aus der Zeit der Seldschuken und besuchen das vermeintliche Grab der biblischen Gestalten Mordechai und Esther, zu dem zahlreiche Juden pilgern, obwohl es sich wahrscheinlich „nur" um die letzte Ruhestätte einer jüdischen Frau des Sassaniden-Königs Yazdegerd I. handelt.
Als es Abend wird und wir noch keine Bleibe für die Nacht haben, nehmen wir die Einladung zum Abendessen und zum Übernachten im Haus der Familie der Studentin gern an.

rm aus der Zeit der Seldschuken

Autowaschanlage a la Iran

Doch zuvor hat sich mein Mann noch in den Kopf gesetzt, das Auto unseres Freundes Omid als Dankeschön für die Benutzung frisch gewaschen wieder nach Zanjan zu bringen. Auf die Frage, ob es eine Autowaschanlage gibt, fahren wir durch ganz Hamadan. Als wir vor einer Werkstatt mit einer großen Halle anhalten, erfahren wir, was eine Autowaschanlage a la Iran ist: Drei Männer, zwei Wasserschläuche mit Hochdruck und eine halbe Stunde harte Arbeit. Das Auto ist sauber und nachdem sich auch die Elektronik von dem Schock erholt hat, können wir den Abend in netter Gesellschaft ausklingen lassen.

Sang-e Shir: Löwenskulptur im Park von Hamadan

ZANJAN

Man sagt, Iran sei das Land der vier Jahreszeiten. Stimmt: Wir sind im Frühling angekommen, haben in den Bergen Teherans den Winter und am Persischen Golf den Sommer gefunden. Den Herbst finden wir nun in Zanjan mit Regen, Nebel, später auch Gewitter und Hagel.

Die Stadt liegt etwa 1.663 Meter hoch in einer fruchtbaren Ebene, die von Bergen umgeben ist. Unsere Betreuung übernehmen hier Omid, der Bruder von Ramin, und dessen Frau Elham, was für beide nicht ganz einfach ist, weil Omid bis gegen 14 Uhr arbeiten muss und wir uns ja auch nicht langweilen sollen.

Also bummeln wir durch den Basar und bestaunen die Waren, für die Zanjan berühmt ist: Messer aller Größen und Sorten. Neben ihren guten Messern ist die Stadt auch für ihre typischen persischen Sandalen - Giveh - berühmt, die wir in vielen Farben finden.

Aber inzwischen noch berühmter als Messer und Sandalen sind die in der Nähe im Jahr 2006 gefundenen Salzmumien. Eine von ihnen stammt aus der Zeit der Sassaniden, die vor 1.700 Jahren regierten. Forscher glauben, dass die anderen etwa dem Zeitraum der Achämeniden, also noch rund 500 Jahre früher, zuzuordnen sind. Diese Salzmänner interessieren viele Wissenschaftler vor allem, um wichtige Daten über das gesamte Jahrtausend zwischen dem persischen Reich und dem Islam zu erhalten.

Salzmumie, gefunden bei Zanjan

Die ehemalige Wäscherei in Zanjan stammt aus der Zeit der Kadscharen. Sie wurde zum Völkerkundemuseum ausgebaut und bietet einen interessanten Einblick in die Lebensweise der Menschen in dieser Gegend.

Wäscherei in Zanjan -

heute: Völkerkundemuseum

Wie die Menschen in dieser Gegend leben ist auch das Stichwort dafür, dass uns Omid zu einer zu seinen Arbeitsaufgaben gehöhrenden Kontrollfahrt in einige der Gewächshäuser des Agrarbetriebes, in welchem er arbeitet, einlädt.

Eine gute dreiviertel Stunde sind wir mit ihm und seinem Chef, der sich über das Interesse der Deutschen freut, unterwegs.

In einer ziemlich kargen Gegend werden in Gewächshäusern Gurken, Tomaten und sogar Erdbeeren angebaut. Akribisch werden die Pflanzen auf Parasiten untersucht und kontrolliert, ob Bewässerung und Wachstum in Ordnung sind. Geerntet werden Salatgurken nicht wie bei uns, wenn sie 30 oder 40 Zentimeter lang sind, sondern als junge schlanke etwa 15 bis 20 Zentimeter kurze Gurken. Diese sind lecker und werden gerne so zwischendurch gegessen.

Oljaytu-Mausoleum in Soltanieh

157

Unweit von Zanjan finden wir ein weiteres Bauwerk, das seit 2005 zum Weltkulturerbe der UNESCO gehört: das Oljaytu-Mausoleum in Soltanieh.

Zwischen 1302 und 1312 entstand das heute noch in Großteilen erhaltene Oljaytu-Mausoleum.

Das Gebäude, einziger Überrest der einstigen Hauptstadt zur Zeit der Ilchane, beeindruckt durch seine kompakte Architektur. Überwölbt wird das achteckige Bauwerk von einer Rundkuppel, die zu den größten der Welt gehört. Auf dem wuchtigen Unterbau thronen auf den Eckoberkanten acht Minarette. Besonders schön sind die blauen und türkisfarbenen Kacheln, mit denen dieses Gebäude verkleidet war.

Im Jahr 2008 ist die Kuppel noch mit Gerüsten verdeckt. Fünf Jahre später erstrahlt sie im Blau der restaurierten Kacheln und ist weithin sichtbar.

Windpark

GHAL-E ROUDKHAN

Wir haben von vielen Leuten viele gute Tipps bekommen, was man unbedingt in Iran gesehen haben muss. Dazu gehört in der Provinz Gilan auch eine mittelalterliche Festung, die etwa 25 Kilometer südwestlich der Stadt Fouman liegt. Dorthin wollen uns unsere Gastgeber auch bringen. Mit der Tatsache, dass die persischen Uhren anders ticken, sind wir schon vertraut, aber dieser Ausflug ist dann schon etwas Besonderes. Erst einmal starten wir mit drei Stunden Verspätung. Die Strecke führt über die Berge, eine Serpentine folgt der anderen und wir kommen nicht wirklich vorwärts.

Nach gut drei Stunden Fahrt und während einer Picknickpause in der Nähe eines Windparks, gegen 16 Uhr, stellen unsere persischen Reiseführer fest, dass wir unser Ziel, die Festung Roudkhan, heute nicht mehr pünktlich erreichen, um sie auch besichtigen zu können. Zurückfahren ist irgendwie sinnlos. Also schlagen sie uns vor, in einem alten Bergdorf namens Masouleh zu übernachten. Okay, ohne neue Klamotten, Waschzeug oder Medikamente. Mir fehlen die persischen Vokabeln, um auszudrücken, dass wir solche Aktionen gerne vorher wissen würden.

Doch bevor wir uns in das Unvermeidliche fügen, kommt mein Mann auf die Idee, dass er heute doch noch zur Festung möchte. Wie immer ist der Wunsch der Gäste Gesetz. Wir fahren also noch einmal zwei Stunden und kommen bei Nieselregen am Fuße der Festung an. Jetzt erkennt auch mein Mann: ein Aufstieg um sieben Uhr abends ist nicht realisierbar.

MASOULEH

Also übernachten wir in Masouleh. Es ist schon dunkel, als wir in diesem Bergdorf ankommen und die meisten Hotels sind überfüllt. Wir finden zum Glück noch eine sehr ordentliche und saubere Unterkunft ganz oben auf dem Berg. Unsere Iraner feilschen mit dem Besitzer um jeden Rial. Uns wird schon ganz mulmig. Wenn nicht hier, wo sollen wir dann übernachten? Endlich sind wir uns einig, richten uns ein, Grillen vor dem Haus, essen und verabreden uns dann, gegen neun Uhr abzufahren.

Der Morgen entschädigt uns mit einem herrlichen Ausblick. Natürlich fahren wir nicht wie abgesprochen los, aber wir kommen dennoch rechtzeitig genug an unserem Besichtigungsziel an.

Ghal-e Roudkhan

GHAL-E ROUDKHAN

Es ist neblig, die Luft sehr feucht und wir steigen die Treppen mitten durch den Wald hinauf. Was wir nicht wissen: Es geht steil bergauf und wir haben etwa 3.000 Meter mit 975 Stufen vor uns. Auf halbem Weg sind wir völlig erschöpft, außer Atem und unsere Kleidung ist durchgeschwitzt. Umkehren kommt nicht in Frage! Von weitem hören wir Jugendgruppen, die an den auf dem Weg nach oben eingerichteten Rastplätzen ausgelassen lachen und diskutieren.

Endlich oben angekommen. Die Festung ist in Nebel gehüllt. Der Anblick ist grandios und erinnert uns an die chinesische Mauer. Diese zwischen zwei Gipfeln eines Berges errichtete Festung aus Steinen und Ziegeln wurde während der Herrschaft der Seldschuken durch die Ismailiten erbaut. Noch heute verfügt sie über 42 intakte Türme, zwei Toranlagen sowie mehrere Gebäude. Diese erstrecken sich in einer Höhe von 670 bis 715 Metern über eine Strecke von 1.500 Metern und bedecken eine Fläche von rund 50.000 Quadratmetern.

Der Abstieg wird ebenso abenteuerlich wie der Aufstieg. Es ist durch den Nieselregen und den Nebel ziemlich glatt. Rechtzeitig vor einem Gewitterguss kommen wir am Auto an. Bei strömendem Regen schiebt sich unser vollbeladener Hyundai über die Berge. Dort nimmt uns zu guter Letzt noch ein Graupelschauer die Sicht. Als Entschädigung überspannt ein prächtiger Regenbogen die Gegend.

Stadttor in Qazvin

QAZVIN

Wir wollen weiter nach Qazvin. Dort soll es in der näheren Umgebung eine Festung aus der Dynastie der Dschustaiden von Dailam geben, die Festung Alamut.

Doch zuvor machen wir Halt in Qasvin. Die Stadt, die von 1548 bis 1598 Hauptstadt des Safawiden-Reiches war, ist heute Hauptstadt der gleichnamigen Provinz und hat über 380.000 Einwohner.

Qazvin liegt knapp 180 Kilometer nordwestlich von Teheran entfernt an der Bahnlinie und Autobahn zwischen Teheran und Tabriz. Da die Stadt auf einer Höhe von 1.297 Metern liegt, sind die Winter kühl und trocken, die Sommer hingegen heiß.

Qazvin ist ein Zentrum des Handels mit Baumwolle, Seide und Samt sowie Leder und besitzt eines der größten Kraftwerke Irans.

Als ehemalige Hauptstadt der Safawiden findet man in Qazvin mehr als 2.000 architektonische und archäologische Plätze.

Archäologische Funde weisen auf eine Besiedlung seit 9.000 Jahren hin. Der Name Qazvin soll sich von dem Wort "Chas" ableiten. Die Chasaren waren ein Volk, das dem Kaspischen Meer seinen Namen gab. Gegründet wurde das heutige Qazvin wahrscheinlich von Schapur II. als Burg mit dem Namen Schad Schapur. Ein paar dieser architektonisch sehenswerten Plätze besuchen wir. Von den ursprünglich neun Stadttoren Qazvins sind allerdings nur noch zwei erhalten. Sie stammen teilweise aus der Kadscharenzeit.

Das Imamzadeh Hossein ist die Grabmoschee eines Sohnes des 8. Imam Hazrat-e Reza. Sie liegt innerhalb eines Mitte des 16. Jahrhunderts vom Safawiden-Schah Tahmasp I. erbauten Wallfahrtszentrums.

Der Pavillon "Chehel Sotun" in der Stadt Qazvin wurde im 16. Jahrhundert unter dem Safawiden Schah Tahmasp währenddessen Regentschaft von 1524 bis 1576 erbaut.

Da wir nur einen halben Tag und eine ganze Nacht in Qazvin zur Verfügung haben und Fahrer Masoud unseren Freund auch noch zurück nach Teheran bringen muss, verbringen wir den Abend allein. Wir bummeln durch die Straßen und kommen nicht an einer Bäckerei vorbei, ohne uns frisches Nan-e Barbari zu kaufen. Dieses persische Fladenbrot ist so lecker, dass wir auf das Abendessen verzichten.

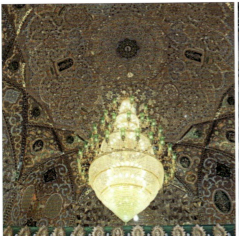

Pavillon „Chehell Sotun" in Qazvin

Festung Alamut

FESTUNG ALAMUT

Am nächsten Morgen ist Masoud pünktlich zurück aus Teheran und wir starten in Richtung Kaspisches Meer und zur Festung Alamut.

Diese wurde im Jahr 840 in 2.100 Metern Höhe von Wahsudan Ibn Marzuban auf einem Felsen errichtet. Der Name Alamut bezieht sich auf die Gründungsgeschichte, nach der ein Adler den Herrscher zum Bau inspirierte. Da es nur einen einzigen Eingang zu ihr gab, war sie gut zu verteidigen.

1090 nahm Hasan-i Sabah, der Gründer der Assassinen, die als uneinnehmbar geltende Zitadelle durch einen Überraschungsangriff und die Zahlung von 3.000 Dinaren ihrem seldschukischen Statthalter Mahdi ohne Blutvergießen ab. Er verstärkte die Befestigungen und richtete Vorratslager für mögliche Belagerungen ein. Zusammen mit benachbarten Siedlungen wurde die Umgebung Alamuts durch Terrassenbau für den Getreideanbau nutzbar gemacht.

169

In der Folgezeit war die Festung für 166 Jahre der Hauptsitz der persischen Nizariten, einer ismailitischen Gruppierung. Der Einflussbereich Hasan-i Sabahs und seiner Nachfolger wurde später durch weitere Festungen zu einem Netzwerk ausgebaut. Diese Burgen dienten den Ismailiten in ganz Persien und Syrien als Zuflucht bei Verfolgungen oder Konflikten. Die Herrschaft der Assassinen von Alamut wurde erst 1256 durch den Mongolen-Khan Hülegü gebrochen.

2004 wurden Teile der Mauern durch ein Erdbeben zerstört. Nur über einen steilen Aufstieg über viele ungleichmäßig hohe Stufen gelangt man zu den Ruinen der Festung. Unser Fahrer Masoud meint, er war schon so oft oben, wir sollen mal allein gehen. Gesagt, getan. Auf halber Strecke schleicht sich der Gedanke ein, doch wieder umzudrehen. Aber das kommt nicht in Frage. Wir erreichen den Gipfel, durchstreifen die Ruinen, genießen einen wundervollen Blick ins Tal und verstehen, warum man hier eine Festung gebaut hat.

Rathaus in Rasht

Der Abstieg ist entspannt. Inzwischen hat sich Masoud über den kürzesten Weg ans Kaspische Meer informiert. Wir wollen über Rasht nach Bandar-e Ansali. Alle, die er fragt, ob der Pass über den Berg befahrbar sei sagen: "Ja, fahr ruhig." Nachdem wir etwa ein Drittel des Anstieges hinter uns haben, beginnt das Abenteuer. Masoud fährt eine Peugeot-Limousine und keinen Geländewagen, der für den Rest der Strecke notwendig gewesen wäre. Die Straße ist im Bau und oben auf dem Pass liegt noch meterhoch Schnee. Schmelzwasser fließt in Rinnsalen, denen man die Tiefe nicht ansehen kann, den Berg hinab. Uns ist allen ziemlich mulmig in der Magengegend. Es ist wohl einer gehörigen Portion Glück und dem Können von Masoud zu verdanken, dass wir nicht stecken bleiben und wohlbehalten, aber völlig eingestaubt in Rasht ankommen. Natürlich hat die Fahrt deutlich länger gedauert als angenommen und so ist die Zeit knapp. Wir machen nur eine Stippvisite in Rasht und schauen uns das von einem Deutschen gebaute Rathaus an. Ziemlich spät checken wir in einem guten Hotel in Bandar-e Ansali ein und fallen nach dem Abendessen erschöpft ins Bett. Nur Masoud hat, wie sich am folgenden Morgen herausstellt, noch das Auto gewaschen.

Blick auf den Hafen in Bandar-e Ansali

ARDABIL

Gut erholt starten wir über Larijan nach Ardabil, eine der größten und wichtigsten Städte des historischen Aserbaidschans, die im Nordwesten des Iran in der gleichnamigen Provinz liegt. Von vielen haben wir gehört, wie wundervoll grün die Gegend im Norden Irans sein soll. Auf der Straße entlang des Kaspischen Meeres können wir uns selbst davon überzeugen. Sattes Grün, Reisfelder und Teeplantagen bestimmen die Landschaft Nordirans.
Die Stadt Ardabil ist bekannt für ihre traditionelle Seiden- und Teppichherstellung. In der Umgebung wird Bewässerungsfeldbau betrieben

Ardabil ist eine sehr alte Siedlung, deren Name auf das avestische Artavil „Heiliger Platz" zurückgeführt wird. Durch ihre Lage an wichtigen Handelsrouten war Ardabil seit dem Mittelalter von Bedeutung. Seit der Zeit der Ausbreitung des Islam in Iran war Ardabil die größte Stadt im Nordwesten des Landes und wahrscheinlich die Hauptstadt der Provinz Aserbaidschan.

Im 13. Jahrhundert setzte die Invasion der Mongolen der Stadt schwer zu. Ardabil konnte zwei Angriffe abwehren, beim dritten fiel die Stadt in die Hände der Mongolen. Diese richteten ein großes Massaker an und töteten nicht nur die Stadtbevölkerung, sondern auch die Bewohner der umliegenden Dörfer. Überfälle durch Mongolen und Georgier verhinderten fast drei Jahrhunderte einen Wiederaufbau.

Erst mit der Safawiden-Dynastie konnte sich die Stadt erholen. Ismail I., der Begründer der Safawiden-Dynastie, begann von Ardabil aus seinen Vorstoß zur Nationalisierung und Zentralisierung der persischen Regierungsgeschäfte. Zur Hauptstadt seines entstehenden Reiches ernannte Ismail I. zwar Tabriz, dennoch konnte Ardabil wieder zu einer wichtigen Stadt, wirtschaftlich wie politisch, aufsteigen.

In Ardabil befindet sich das Grab des Scheich Safi Al-Din Ardebili, der der Safawiden-Dynastie den Namen gab. Dieses wundervoll erhaltene Ensemble wurde im Jahr 2010 auf die Liste der UNESCO Weltkulturerbestätten gesetzt.

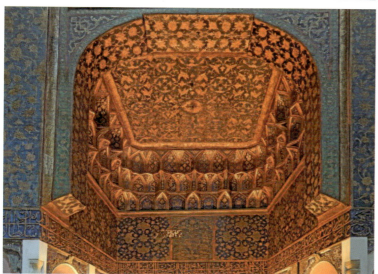

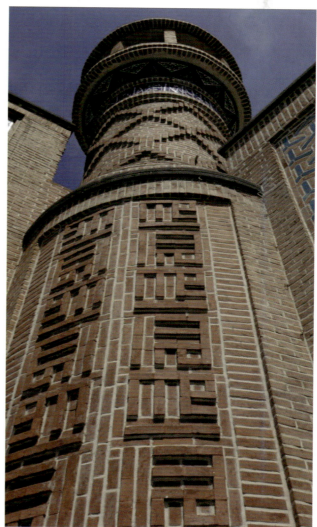

Turm des Scheich Safi Al-Din Ardebili

Durch eine Gartenanlage gelangen wir in einen breiten Hof und stehen zwei mit türkisblauen Kacheln verzierten Türmen gegenüber. Wir betrachten den Komplex von außen und sind verwundert, keinen Eingang zu finden. Fast hätten wir das Beste verpasst. Wir befinden uns schon auf dem Rückweg, als uns der junge Mann vom Einlass fragt, ob wir denn auch das Museum gesehen hätten. Welches Museum? Er erklärt, wo sich der Eingang befindet und wir bestaunen die prächtigen Innenräume.

Die in der Nähe liegenden Heilquellen besuchen wir leider nicht, denn mal wieder wird die Zeit knapp. Wir wollen noch nach Tabriz und Masoud weiter nach Teheran.

TABRIZ

Es ist schon spät geworden, als wir endlich bei unserem Freund Salar ankommen. Wir versuchen, Masoud zu überreden, dass er heute nicht mehr weiterfährt. Doch er ist nicht davon zu überzeugen, ruht sich ein paar Stunden aus und fährt die mehr als 600 Kilometer bis nach Teheran.

Tabriz ist die Hauptstadt der iranischen Provinz Ost-Aserbaidschan und eines der größten kulturellen Zentren im iranischen Aserbaidschan. Darüber, wann die Stadt gegründet wurde, streiten sich die Gelehrten. Einige Quellen nennen die Zeit der Sassaniden, während andere behaupten, dass die Gründerin eine Frau des Kalifen Harun Al-Raschids im 8. Jahrhundert gewesen sei.
Jedenfalls wird in Tabriz viel gebaut. Auch Salar hat eine neue Wohnung. Dieses Mal müssen wir nicht wie bei unserem ersten Besuch die Sitzmöbel von der Plastikhülle befreien, der Waschmaschine aus der Pappkiste helfen und den Kühlschrank auswaschen. Die Wohnung ist hell und geräumig. Nur ein Erdbeben hat schon seine Spuren an den Fliesen im Bad hinterlassen.

Blick auf Tabriz

TABRIZ

BAZAR IN TABRIZ

Auch der mittelalterliche Basar wurde von zwei Erdbeben im 18. Jahrhundert völlig zerstört. In seiner heutigen Erscheinung ist er zwischen 1840 und 1860 entstanden. Der Tabrizer Basar ist ein Flächenbasar, der durch seine Größe, seine Geschlossenheit und sein Erschließungssystem mit parallelen und sich kreuzenden Gassen, zwischen denen sich Höfe und Hallen befinden, gekennzeichnet ist. Hier sind Einzel- und Großhandel, Handwerk und Gewerbe, Finanzwesen und wirtschaftliche Organisation räumlich und organisatorisch eng miteinander verbunden.

Den Schuhschrank für Salars Wohnung finden wir allerdings nur mit Hilfe unseres Taxifahrers Habib in einer Straße, in der es nur Möbel gibt. Habib ist es auch, der uns zu weiteren Sehenswürdigkeiten in Tabriz begleitet und mit dem wir Eis essen und Talebi, eine Melonenart, die es nur in Iran gibt, trinken. So führt er uns zu einem sehr modernen Bauwerk, das den Dichtern dieser Region gewidmet ist.

Dichtermuseum

TABRIZ

Da Salar arbeiten muss, führt uns seine Kollegin durch Tabriz. Neben dem Teppichbasar - Tabriz ist für die Qualität seiner Teppiche bekannt - besuchen wir auch ein Museum der etwas anderen Art: ein Lebensmittelmuseum. Hier findet man alle Speisen und Lebensmittel Irans, allerdings sind diese nicht zum Essen geeignet. Das danach aufgesuchte Restaurant „Vahid" ist dagegen ein Geheimtipp für Tabriz-Besucher.

Immer wieder auftretende starke Erdbeben zerstörten die meisten historischen Bauten von Tabriz. Die Blaue Moschee von Tabriz – Masjed-e Kabud – ist ein wichtiges Bauwerk der Stadt, ebenso wie das Rathaus, von dessen Turm eine deutsche Uhr anzeigt, was die Stunde geschlagen hat. Außerdem kann man dieses Rathaus wie ein Museum besuchen. Überwältigend sind die dort ausgestellten Teppiche.

Blaue Moschee in Tabriz

Tabrizer Rathaus mit deutscher Uhr

BAZAR IN TABRIZ

Auch der mittelalterliche Basar wurde von zwei Erdbeben im 18. Jahrhundert völlig zerstört. In seiner heutigen Erscheinung ist er zwischen 1840 und 1860 entstanden. Der Tabrizer Basar ist ein Flächenbasar, der durch seine Größe, seine Geschlossenheit und sein Erschließungssystem mit parallelen und sich kreuzenden Gassen, zwischen denen sich Höfe und Hallen befinden, gekennzeichnet ist. Hier sind Einzel- und Großhandel, Handwerk und Gewerbe, Finanzwesen und wirtschaftliche Organisation räumlich und organisatorisch eng miteinander verbunden.

Den Schuhschrank für Salars Wohnung finden wir allerdings nur mit Hilfe unseres Taxifahrers Habib in einer Straße, in der es nur Möbel gibt. Habib ist es auch, der uns zu weiteren Sehenswürdigkeiten in Tabriz begleitet und mit dem wir Eis essen und Talebi, eine Melonenart, die es nur in Iran gibt, trinken. So führt er uns zu einem sehr modernen Bauwerk, das den Dichtern dieser Region gewidmet ist.

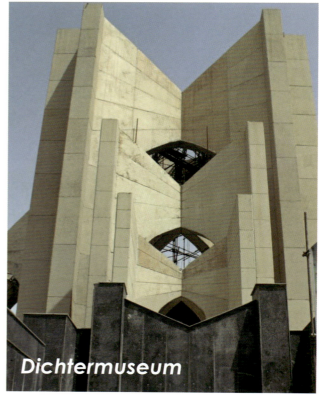

Dichtermuseum

180

Wir haben ein paar Tage Ruhe eingeplant und hoffen, mit unserem Freund ein paar Touren machen zu können. Leider ruft der Job. Salar muss für drei Tage nach Teheran. Er stellt uns der Nachbarfamilie vor, damit sich niemand wundert, welche fremden Menschen bei ihm ein- und ausgehen. Prompt klingelt es am folgenden Tag an der Tür und die Nachbarin steht mit einem Tablett frisch gekochtem Essen davor. Wir freuen uns sehr darüber.

Am gleichen Tag hat mein Mann Geburtstag und wir wollen auf einem Spaziergang Kuchen mitbringen. Es dauert ein paar Minuten, bis ich begreife, dass ich nicht nur zwei oder drei Stück kaufen kann, sondern ein ganzes Kilo mitnehmen muss. Was machen wir mit so viel Kuchen? Wir klingeln bei der freundlichen Nachbarsfamilie, bedanken uns herzlich für das Essen und laden sie zum Kuchenessen ein. Problem gelöst.

Ein anders geartetes Problem ist es, ins Internet zu kommen. Nicht nur dass das iranische Internet sehr langsam ist, Salar hat auch keinen Anschluss in der neuen Wohnung. Zum Glück gibt es in der Nähe ein Internetcafé. Der Betreiber freut sich über meine regelmäßigen Besuche.

Sehenswert ist auch der Shah Gholi Park im Süden von Tabriz. Auf einem zirka 54 Hektar großen Areal lädt ein achteckiges Restaurant inmitten eines Sees zum Verweilen ein.

Wir haben den Eindruck, alle Tabrizer sind an diesem Abend dort versammelt. Auf dem See schwimmen Schwanen-Boote. Die darin sitzenden Tabrizer stecken zu unserer Verwunderung in Schwimmwesten. Und so erfahren wir, dass die meisten Iraner nicht schwimmen können.

Ein warmer Wind bläst die Fontäne des Springbrunnens herüber und wir wandern über eine Brücke zum Pavillon auf dem Wasser.

Bevor Salar abreist, organisiert er für uns einen Taxifahrer bei einer offiziellen Taxiagentur. Unerwartet pünktlich steht unser Fahrer Habib am kommenden Tag vor der Tür, um mit uns nach Orumiyeh zu fahren. Ziel sind ein paar Sehenswürdigkeiten und natürlich der Salzsee.

ORUMIYEH

Orumiyeh ist eine Stadt im Nordwesten Irans. Die Hauptstadt der Provinz West-Aserbaidschan liegt am Westufer des Urmiasees rund 800 Kilometer nordwestlich der Landeshauptstadt Teheran.

Mehrheitlich bezeichnen sich die dort lebenden rund 668.000 Menschen als Aserbaidschaner. Daneben gibt es noch Kurden, Perser und christliche Armenier sowie Chaldo-Assyrer (auch Aramäer genannt), die zu verschiedenen assyrischen Kirchen gehören, vor allem zur chaldäisch-katholischen Kirche und zur Assyrischen Kirche des Ostens.

Der Name Urmia leitet sich von den syrisch-aramäischen Wörtern "ur" für „Stadt" und "mia" für „Wasser" ab und bedeutet Stadt am Wasser. Die Gegend ist fruchtbar und so werden Obst (Äpfel) und Tabak angebaut. Viele Jahrhunderte gehörte Urmia den verschiedenen iranischen Dynastien. Der Geburtsort Zarathustras, dem Begründer der altpersischen zoroastrischen Religion, soll sich in der Nähe von Urmia befunden haben, aber das ist umstritten.

Der Orumiyeh-See ist 140 Kilometer lang, 55 Kilometer breit und hat eine Fläche von 5.470 Quadratkilometern. Damit ist er zehnmal größer als der Bodensee. Durchschnittlich ist er nur rund sieben Meter tief. Der Salzgehalt des Sees beträgt bis zu 30 Prozent, was etwa dem Salzgehalt des Toten Meeres entspricht. Messungen aus dem Jahr 1999 zeigen eine Salinität von 21 bis 23 Prozent an. Damit bietet er so gut wie keinen Tier- und Pflanzenarten einen Lebensraum. Dem hohen Salzgehalt trotzen nur Salinenkrebse. Der See hat keinen Abfluss und bildet – ähnlich wie der in der Türkei liegende Vansee – einen riesigen Steppensee, in dem sich kleine Inseln an dessen Ufern sich häufig Salzablagerungen befinden. Durch Änderung des Miniklimas und Aufstauung der Zuflüsse sankt der Wasserpegel in den letzten Jahrzehnten kontinuierlich.

Ein Gebiet von 463.600 Hektar um den See ist seit 1976 als Biosphärenreservat der UNESCO klassifiziert, das unter anderem Flamingos und Pelikanen eine Heimat bietet, die sich auch von den Krebsen aus dem See ernähren.

In den 1970er Jahren wurde mit dem Bau einer Brücke über den See begonnen, um die Hauptstädte der Provinzen West- und Ost-Aserbaidschan, Orumiyeh und Tabriz schneller zu verbinden. Nach der Revolution 1979 wurde der Bau eingestellt, doch im Jahr 2000 wieder aufgenommen. Die erste der drei zentralen Stahlbrücken wurde im November 2008 eröffnet, die Freigabe der anderen beiden Brücken erfolgte in den folgenden Jahren.

Wir überqueren den See über eine dieser Brücken und bummeln durch Orumiyeh. Habib, unser Fahrer, hat von Salar einen Zettel bekommen, auf dem einige der Sehenswürdigkeiten stehen, die wir uns ansehen sollen. Gemeinsam erkunden wir so die Stadt.

Als wir einen großen Platz überqueren entdeckt uns ein Fernsehteam des Regionalsenders. Der Reporter lässt seinen Interviewpartner stehen und schon sind wir vom Kameramann und vielen Schaulustigen umringt. Ich bekomme ein Mikrofon vor die Nase gehalten und dann mühe ich mich redlich, alle persischen Vokabeln zusammen zu bekommen, um die zum Glück einfachen Fragen beantworten zu können. Die Umstehenden scheinen zufrieden mit den Antworten zu sein und unter Beifall dürfen wir unseren Weg fortsetzen.

Am Abend bringt uns Habib sicher zurück nach Tabriz. Ihm scheint es mit uns Spaß gemacht zu haben, denn er bietet uns an, uns zu fahren, wenn wir wieder eine Tour machen oder Tabriz kennen lernen wollen. Wir verabreden uns für den nächsten Tag. Unser Ziel ist Maraghe.

Blick auf Maraghe

MARAGHE

Maraghe ist eine Stadt in der Provinz Ost-Aserbaidschan, 130 Kilometer südlich von Tabriz. Sie liegt in dem in nord-südlicher Richtung verlaufenden Flusstal des Safi Chai an den südlichen Ausläufern des Sahand-Gebirges. Die Stadt hat ca. 155.000 Einwohner.

Die Altstadt wird umschlossen von einer nur noch teilweise vorhandenen Mauer. Zwei noch gut erhaltene Steinbrücken sollen aus der Zeit der Mongolen stammen. Das Sahand-Gebirge schirmt die Stadt von den Nordwinden ab, so dass das Klima milder als in Tabriz ist. Maraghe ist umgeben von ausgedehnten Obstplantagen. Einer ihrer Exportartikel ist Trockenobst.

Der Gonbad-e-Kabud (Blaue Kuppel)

Der Gonbad-e-Sorkh (Rote Kuppel)

Am bekanntesten sind vier Grabtürme, wobei drei der Seldschuken- und einer der Periode der Ilchane angehören: der Gonbad-e-Sorkh (Rote Kuppel), der Borj-e-Modavvar (Runder Turm), der Gonbad-e-Kabud (Blaue Kuppel) und der Gonbad-e Qufariye. Der Gonbad-e-Kabud wird auch "Mausoleum der Mutter Hülegü Khans" genannt, obwohl die den islamischen Kunsttraditionen entsprechende Ausstattung dagegen sprechen könnte, dass es sich tatsächlich um das Grabmal einer syrischen Christin handelt.

Dieser Turm ist mit Mosaiken verziert, die eine Ähnlichkeit mit Penrose-Parkettierungen aufweisen. Anfang 2007 wurden weitere Hinweise darauf gefunden, dass islamische Handwerker schon im Mittelalter hochkomplexe Parkettierungen verwandten, die außerhalb der islamischen Welt, in der modernen westlichen Wissenschaft, erst heute wiederentdeckt werden.

In ganz Iran ist der lokale Baustein, ein Travertin, als Maraghe- oder auch Tabriz-Marmor bekannt.

Der Gonbad-e Qufariye

Observatorium (Rasadkhaneh)

Wir sind vom Rundgang durch die Stadt erschöpft. Doch unser Begleiter bringt uns zu einem weiteren interessanten Ort, dem Observatorium (Rasadkhaneh). Nahe Talebkhan liegen auf einem Hügel etwa vier Kilometer westlich der Stadt die Ruinen dieses Observatoriums, das Hülegü 1259 bis 1262 für den Astronomen Nasir ad-Din at-Tusi errichten ließ. An dem Observatorium und der Akademie arbeiteten neben iranischen und islamischen Forschern auch christliche, armenische und georgische sowie chinesische Mathematiker und Astronomen. Die Bibliothek enthielt 40.000 Bücher.

Nach lokaler Überlieferung befand sich auf dem Gelände der Sternwarte ein Beobachtungsbrunnen, aus dem heraus at-Tusi Sterne am Tage beobachtet haben soll. Heute schützt eine Kuppel die Ruinen des Observatoriums vor der Witterung.

KANDOVAN

Einer der wohl beeindruckendsten Orte liegt am Fuße des Sahand-Gebirges, südlich der Provinzhauptstadt Tabriz. Es ist das kaum 1.000 Seelen zählende Felsendorf Kandovan. Das Dorf erstreckt sich entlang einer Flussoase und wird von kargen Bergrücken des Kuh-e Sahand überragt. Interessant ist Kandovan vor allem wegen seiner hinkelsteinartigen Häuser ähnlich denen Kappadokiens oder Granadas. Die Bewohner haben ihre Behausungen als Höhlenwohnungen in den weichen grauen Tuffstein gegraben. Lediglich Türen und Fenster sowie Treppenzugänge sind von außen sichtbar.

Die Wohnungen sind in mehreren Stockwerken aufgebaut. Man kann einzelne Tuffkegel über Treppen erreichen und alte Holzbrücken verbinden bisweilen die Terrassenformationen.

Neben einigen älteren öffentlichen Gebäuden wie einer Moschee oder einem Badehaus ist auch ein exklusives Hotel in die Felsen eingebaut worden. Dieses erweckt unser Interesse und wir steigen die Stufen hinauf. Uns erwartet ein schön eingerichtetes Restaurant. Und nachdem wir neugierig nach dem Aussehen der Zimmer fragen, lässt man uns auch einen Blick hineinwerfen.

Was sich hinter dem Tuffstein verbirgt, ist sehr beeindruckend: Edel eingerichtete zwei-, drei- und vier Bettzimmer, mit Mosaikfliesen ausgestattet.

Hotelzimmer in Kandovan

Natürlich sind wir auch neugierig auf die Wohnungen der Dorfbewohner. Wir schauen in einige kleine Geschäfte hinein und stellen fest, dass es in den Räumen im Verhältnis zur Außentemperatur sehr kühl ist.

Kandovan war bereits in vorislamischer Zeit besiedelt und diente als Zufluchtsstätte, wenn die Zeiten unruhig waren. Wie in Abyaneh tragen auch hier die Frauen seltener den in Iran üblichen Tschador. Viel häufiger trifft man sie in farbigen Umhängen an, die entweder mit geometrischen Mustern oder stilisierten blumenartigen Ornamenten bedruckt sind.

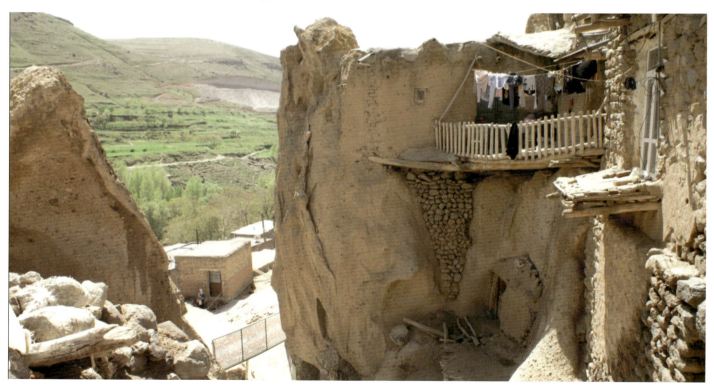

QARE KELISSA

Wir fahren nach West-Aserbaidschan, um eine der ältesten Kirchen Irans zu besichtigen. Die Qare Kelissa wurde etwa 300 Jahre nach Christus erbaut. Sie liegt in einer malerischen Gegend und ist noch sehr gut erhalten.

Einmal im Jahr wird ein großangelegter Gottesdienst abgehalten. Dann lebt die Gegend. Ansonsten ist die Fahrt irgendwie wie eine Reise ans Ende der Welt. So treffen wir nur wenige Menschen, dafür aber eine Herde Schafe.

Qare Kelissa

QARE KELISSA

Karawanserei - künftiges Hotel

Die Landschaft im Norden Irans unterscheidet sich von den Wüsten in Mitteliran durch grüne Wiesen und Berge. Auf halben Weg entdecken wir eine Karawanserei, die zu einem Hotel umgebaut wird. Wir erhalten die Erlaubnis zu einer exklusiven Besichtigung. Erste Gäste werden im Jahr 2009 erwartet. Drei Jahres später ist immer noch alles im Bau, da der Besitzer gewechselt und wohl auch das Geld nicht gereicht hat.

JOLFA

Eine andere christliche Kirche ist die armenische Kirche St. Stephanus, die in der Nähe der Stadt Jolfa erbaut wurde. Die ältesten Teile der auf einem Hügel gebauten Kirche stammen aus dem 14. Jahrhundert, während das heutige Gebäude dem 16. Jahrhundert zuzuschreiben ist. Unter Aufsicht des Ministeriums für Kultur und mit der Nutzung nationale Ressourcen werden Bau- und Renovierungsarbeiten durchgeführt.

Kirche Sankt Stephanus

Wasserfall Asiyab Kharabeh

Nicht weit der Stadt Jolfa gibt es wieder einen wunderschönen Wasserfall, den Asiyab Kharabeh. Am kaffeebraun gefärbten Fluss Aras entlang, der Aserbaidschan und Iran voneinander trennt, fahren wir durch Berge und Wiesen.

Und obwohl der Asiyab Kharabeh-Wasserfall wenig Wasser führt, bezaubert er uns. Das herabstürzende Wasser sieht aus wie ein Perlenvorhang. Und wieder hat es viele iranische Familien zum Picknick in die wundervolle Natur ihrer Heimat gezogen.

TAKHT-E SOLEYMAN

Der folgende Tag soll ein ähnliches Erlebnis werden. Unser Ziel ist Takht-e Soleyman, der Thron des Salomo. Dieser liegt 250 Kilometer südöstlich von Tabriz im Nordwesten Irans in etwa 2.200 Metern Höhe. Dieser Gebäudekomplex besteht aus dem Palast, dem Feuertempel und Befestigungsanlagen und ist der späten Sassanidenzeit um 530 bis 642 nach Christus zuzuordnen. Warum dieser abgelegene Platz für den Bau dieser Anlage genutzt wurde, erfahren wir, als wir durch die Ruinen wandern. Inmitten des Komplexes befindet sich ein im Durchmesser zirka 90 Meter großer warmer Quellsee, der bis zu 100 Meter tief ist. Grabungen ergaben, dass der Takht-e Soleyman mit dem zoroastrischen Feuerheiligtum Adur Guschnaps identisch ist. Der Palast wurde von sassanidischen Großkönigen, später vom Enkel des Mongolenfürsten Dshingis Khan bewohnt. Seit 2003 gehört er dem UNESCO-Weltkulturerbe an.

Leider treffen wir hier kaum ausländische Touristen. Aber wir erregen die Aufmerksamkeit einer Studentengruppe. Neugierig fragen sie nach unserer Herkunft. Als wir sagen, dass wir aus Deutschland kommen, meint einer der Studenten mit schönem persischen Akzent zu meinem Mann gewandt: „Ich lebe dich." Uns ist klar, dass er „ich liebe dich" meint und mein Mann antwortet ihm mit der persischen Übersetzung: „Man duset daram." Alle lachen. Nachdem unser Freund Salar ihm erklärt, wie der Satz im Deutschen korrekt zu lauten hat, wiederholt ihn der junge Mann artig, wieder meinen Mann ansprechend. Dieser antwortet prompt: „Diwunatam!" was so viel heißt wie „ich bin verrückt nach dir". Nun können sich die Mädchen und Jungen der Studentengruppe vor Lachen nicht mehr halten.

Takht-e Soleyman

Wir verabschieden uns und machen uns auf den Weg zum drei Kilometer entfernt liegenden Felskegel Zendan-e Suleyman, dem "Gefängnis Salomos". Nach den Strapazen des Aufstiegs zur Festung Roudkhan bestaunen wir diesen nur von unten.

Felskegel Zendan-e Suleyman -das "Gefängnis Salomos"

Ganz in der Nähe gibt es eine Heilquelle mit Schwimmbad, das von dieser warmen Heilquelle gespeist wird. Die Idee, dort baden zu gehen und sich ein wenig zu entspannen, ist an und für sich nicht schlecht. Nur, wir haben weder Handtücher noch Badebekleidung mit. Uns erschüttert nichts mehr. Da Männer und Frauen getrennt voneinander baden gehen, ist es kein Problem, in Unterwäsche das Quellwasser zu genießen. Ich verlasse als erste das Bad und mühe mich redlich, mit meinen geringen Persischkenntnissen zu erzählen, woher wir sind und was wir alles gesehen haben. Das verschafft uns noch eine exklusive Führung zur Quelle.

Die meisten Menschen stellen sich Iran als reine Wüstenregion vor. Doch wie wir gesehen haben, gibt es schneebedeckte Berge, grüne Wiesen und Wälder und natürlich auch Wasserfälle. Diese sind für ein Picknick das ideale Ausflugsziel. Natürlich müssen auch wir dorthin. Bewaffnet mit einem kleinen Zelt und gut gefülltem Picknickkorb quartieren wir uns am Fuße eines Wasserfalls in der Nähe von Zanjan neben vielen anderen Familien ein.

HÖHLEN

Wo es Berge und Wasser gibt, da muss es auch Höhlen geben. Die bekannteste ist wohl die Alisadr-Höhle etwa 75 Kilometer nördlich von Hamadan. Sie ist nach einer Höhle in den USA und einer in Indonesien die drittgrößte der Welt. Das Besondere ist allerdings, dass man mit Tretbooten einen Teil der Höhle abfährt. Der Führungsweg ist gut zwei Kilometer lang. Davon werden 1,4 Kilometer mit Booten zurückgelegt.

Gut verpackt in Schwimmwesten, die man uns am Eingang verpasst, fahren wir durch das Labyrinth von Stalaktiten und Stalagmiten, die die fantastischsten Formen angenommen haben. Geologen fanden heraus, dass die Höhle vor 136-190 Millionen Jahren entstanden sein muss.

Erstmals wurde die Alisadr-Höhle zur Zeit Darioushs entdeckt. Dann geriet ihre Existenz wieder in Vergessenheit, bis ein Schäfer, der mit seinen Tieren auf der Suche nach Wasser war, vor etwa 40 Jahren den Eingang wiederfand. Heute besuchen jährlich zirka 80.000 Besucher dieses Naturphänomen.

Alisadr-Höhle

Weniger bekannt, aber bei weitem schöner, ist die mit 12.860 Metern längste Höhle Irans, die Ghar-e Katalehkhor. Entdeckt wurde diese Höhle, wie das meistens ist, vor etwa 18 Jahren durch Zufall. So wunderte sich ein Ziegenhirte darüber, dass immer nur eine Ziege einen nassen Bart hatte, obwohl es in der Umgebung kein Wasser gab. Er verfolgte die Ziege und sah, wie diese zwischen den Felsen verschwand. Was er entdeckte, war die größte und schönste Höhle Irans.

Höhle Katalehkhor

HÖHLE KATALEKHOR

so genannter Kristallrasen

Katalekhor liegt südwestlich von Zanjan und ist eine Schauhöhle, die durch große hallenartige Gänge, Kulissen und viele kleinere Parallelgänge kompliziert gegliedert ist. Es gibt ganze Wälder von Tropfsteinsäulen und Stalaktiten.

Bemerkenswert sind die so genannten Kristallrasen, die zum Beispiel die 100 Meter lange „Wedding Hall" komplett auskleiden.

Wir haben das Glück, eine ganz individuelle Führung zu erhalten. So erfahren wir auch, dass diese Höhle sieben Etagen hat, von denen bisher nur die erste, durch die wir geführt werden, erschlossen ist. Eine zweite wird für die Öffentlichkeit vorbereitet und soll die erste an Schönheit noch überbieten.

Viele unserer Ausflüge haben wir von Tabriz aus gestartet. Bevor wir nun unseren letzten Abend in Tabriz in einem Restaurant hoch oben über der Stadt verbringen, bummeln wir noch einmal mit Salar durch die Stadt.

Wir haben Lust darauf, Tee zu trinken. In einer Seitenstraße entdeckt unser Freund eine Teestube, in die wir sicher allein nicht gegangen wären. Sie hat den Charme einer Garage. Ausschließlich Männer sitzen vor schmucklosen Tischen auf Holzbänken, rauchen und trinken Tee.

Wir werden freundlich begrüßt, setzen uns und der Kellner zieht sich schnell noch eine weiße Jacke zum Bedienen an. Er ist auch die Attraktion dieser Teestube. So stapelt er zehn Teegläser auf seinem Arm, füllt den Teesud und dann heißes Wasser aus dem Samowar hinein. Auf dem lang ausgestreckten Arm serviert er den Tee und rezitiert zu Ehren der deutschen Gäste ein Gedicht im für mich unverständlichen Azeri, dem aserbaidschanischen Dialekt, der in Tabriz auch gesprochen wird. Er erntet Beifall. Nach dem zweiten Glas Tee wollen wir bezahlen und gehen. Wir verabschieden uns, aber bezahlen dürfen wir nicht.

Am Abend im Restaurant hoch über der Stadt ist der Ausblick fantastisch. Die Lichter von Tabriz funkeln wie tausend Sterne. Das Essen ist wie immer gut und lecker und es gibt Livemusik. Als die Gruppe auch noch mitbekommt, dass Ausländer zu Gast sind, singen sie eigens für uns und die kleine Tochter des Sängers tanzt dazu Azeri. Als wir das Lokal verlassen wollen, wird mein Mann aufgefordert, ein paar Worte zu sagen. Obwohl Salar immer wieder sagt: "Rede auf Deutsch, ich übersetze", fällt meinem Mann vor Schreck nichts Passendes ein. Aber sein „zendegi ghashang-e" (Das Leben ist schön) und „Iran kheyli khub-e" (Iran ist sehr gut) bringen uns spontanen Beifall beim Gehen ein.

Tabriz bei Nacht

MIYANEH

Wieder wird der Hyndai vollgepackt mit Töpfen und Lebensmitteln, was darauf schließen lässt, dass wir mindestens ein Picknick machen werden. Wir wollen nach Miyaneh, wo wir die persische Mama von Setareh besuchen. Darauf freuen wir uns schon lange.

Doch zuvor überraschen uns unsere Gastgeber mit einem Abstecher mitten in die Berge, die mit ihren braun und grün schimmernden Hängen wie mit Samt bedeckt aussehen. So stelle ich mir die Highlands in Schottland vor. Außer uns ist keine Menschenseele zu sehen. Wir steigen mit Salar aus. Elham und Omid fahren schon mal zur Picknickstelle vor. Es ist warm, die Luft samtig und mild, eine leichte Brise weht und nur das Gezirpe der Grillen und das Gezwitscher der Vögel durchdringen diese Ruhe. Rechts und links die Berge aus Samt und vor uns Ruinen der Ghal-e dokhtar – der "Mädchenburg" wie uns Salar erklärt. Mädchenburg deshalb, weil hier vor zirka 5.000 Jahren eine Frau die Herrschaft inne gehabt haben soll. Wir klettern ein wenig durch die Ruinen und genießen die Natur. Als am späten Nachmittag noch ein paar Autos ankommen, fahren wir weiter nach Miyaneh.

Mädchenburg

Die Mädchenbrücke

Ein weiteres Mal werden wir so herzlich empfangen, als würden wir zur Familie gehören. Leili, eine kleine ältere Frau, umarmt mich und bedankt sich aus tiefstem Herzen für die Unterstützung und Fürsorge, die wir Setareh zukommen lassen.

Mir fehlen die Worte, nicht nur weil ich vom gesprochenen Azeri keine Silbe verstehe. Leili ist der Mittelpunkt der Familie und hatte es in ihrem Leben sicher nicht immer leicht. Erst verlor sie bei einem Unfall ihren Mann, einen Tunnelbauingenieur, und dann ihren ältesten Sohn bei einem Bombenangriff im iranisch-irakischen Krieg. Sie zog ihre Kinder allein auf und hält bis heute die Familie zusammen.

Miyaneh heißt "Mitte" und ist eine Stadt in der Provinz Ost-Aserbaidschan, die in einem Tal gut 187 Kilometer von Tabriz entfernt liegt. Sie ist eine der ältesten Städte der Region und die Fundamente stammen noch aus vorislamischer Zeit. Lange Jahre war Miyaneh wirtschaftliche und kulturelle Drehscheibe in dieser Region. Zu den historischen Denkmälern gehören neben der Mädchenburg das Imamzadeh-Grab und die dunkle Steinmoschee, aber auch die Pol-e dokhtar, die Mädchenbrücke.

Diese wurde im Dezember 1946 beim vergeblichen Versuch, den Vormarsch der kaiserlichen iranischen Armee aufzuhalten, durch Separatisten der „Demokratischen Partei Aserbaidschans" zerstört.

Unser Spaziergang durch Miyaneh löst ein wenig Unruhe im Städtchen aus. Es ist nicht zu verkennen, dass wir Ausländer sind und so bestaunen uns Frauen, Männer, Alte und Junge gleichermaßen.

Moschee in Miyaneh

Fin-Garten

KASHAN UND QOM

Wir wollen nach Kashan, das etwa 200 km südlich von Teheran liegt und heute auf eine bedeutende Textilindustrie verweisen kann. Der Name leitet sich von "Kashi" - Fliese - ab, denn im Mittelalter war Kashan für seine Keramikindustrie bekannt. Die Stadt liegt am Nordrand des Kuhrud-Gebirges am Rande der zentraliranischen Wüste und ist von der ersten großen Oase entlang der Straße von Qom nach Kerman umgeben. Kashan gab auch seinen Namen für eine klassische Art von Perserteppichen, die im 16. Jahrhundert unter den Safawiden weltberühmt waren. 1778 zerstörte ein Erdbeben die Stadt völlig. Sie wurde wieder aufgebaut und so stellen heute die großzügigen Neubauten eine Touristenattraktion dar. Zu den zwei bekanntesten Anwesen zählen das Chane-ye Tabatabaei (Haus der Tabatabaeis) und das Chane-ye Borudjerdi. Ein Anziehungspunkt ist einer der ältesten und berühmtesten persischen Gärten, der Bagh-e-Fin. Es wird vermutet, dass er bereits 7.000 Jahre existiert. Er wird von Wasserquellen aus den nahen Bergen gespeist.

Khane-ye Borudjerdi

Weiter geht es in die heiligen Stadt Qom. Dort machen wir nur einen kurzen Fotostopp.

Mit meiner sehr europäisch geprägten Bekleidung und Kopfbedeckung bin ich für einen ausgedehnten Spaziergang bzw. einen Besuch in der Moschee nicht geeignet. Berühmt ist die Grabmoschee mit dem Schrein von Fateme-ye Ma'sume, der Schwester des 8. Imam. Besonders wegen der zahlreichen Grabstätten persischer Könige und schiitischer Heiliger ist Qom ein bedeutender Wallfahrtsort. Mit nur 978 Metern über dem Meeresspiegel liegt die Stadt nur noch halb so hoch wie die Hauptstadt Irans.

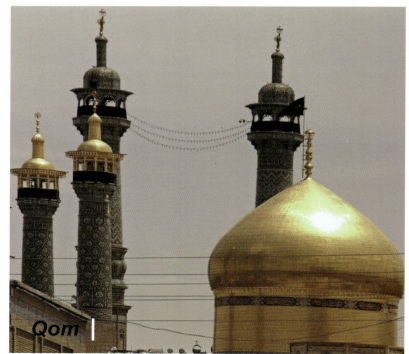

Qom

ABYANEH

Fährt man von Qom weiter nach Teheran, kommt man durch eines der ältesten und immer noch bewohnten Dörfer aus vorislamischer Zeit, nach Abyaneh.

Aus unserem Hotelfenster heraus erhalten wir einen ersten Blick auf Abyaneh. Rotbraune Lehmhäuser kuscheln sich aneinander. Ein paar dicke graue Wolken sorgen dafür, dass es etwas kühler ist. Es regnet. Wir nutzen die Erfrischung, um uns von der Fahrt zu erholen und später dem Dorf einen Besuch abzustatten. Duschen geht leider nicht. Der Strom ist mal wieder weg.

Das Lehmdorf Abyaneh

Wir machen uns also auf den Weg, Abyaneh zu erkunden. Wie vor etwa 2.000 Jahren schmiegt sich das Dorf an die Abhänge. Neu sind an den Lehmbauten die Fenster, Türen und Geländer, selbstverständlich auch die Stromleitungen.

Die meisten Häuser sind auch noch bewohnt. Allerdings leben hier vorwiegend alte Leute und Kinder. Die Jungen suchen ihr Glück und Auskommen wie überall auf der Welt in den Städten. Die Bekleidung der Frauen unterscheidet sich vom meist schwarzen Tschador in anderen Teilen Irans. Sie tragen die traditionellen, mit bunten Blumen bedruckten Tücher dieser Region.

RÜCKKEHR

Immer ist es spannend, wieder in der Hauptstadt Teheran anzukommen. Noch spannender ist es jedoch, wieder nach Deutschland abzureisen. So haben wir im Jahr 2011 unseren Rückflug aus Tabriz zwar pünktlich gebucht, doch wir heben mit zwei Stunden Verspätung ab und kommen wieder einmal mitten in der Nacht an. Der folgende Tag verläuft mit Kofferpacken und Ausruhen recht ruhig. Sorgen bereiten uns nur unsere vielen Gepäckstücke. Werden wir Übergepäck haben? Wie viel müssen wir dafür bezahlen? Auch ein passendes Taxi zu bekommen ist ein Problem. Wir entscheiden uns für ein Taxi und das Auto von Ramin und kommen rechtzeitig auf dem Flughafen an.

Mit Entsetzen sehen wir, dass es ein Problem mit unserem Flug gibt. Salar fragt nach und es stellt sich heraus, dass die Maschine, die uns nach Hamburg bringen soll, noch in Paris steht. Vor 18 Uhr soll sich nichts bewegen. Es ist 7 Uhr morgens!

Iran Air entscheidet, dass eingecheckt werden kann und man dann zu Hause auf einen Anruf warten soll, wann und ob der Flug abgeht. Wir werden unser Übergepäck ohne Probleme los, was vielleicht der Situation geschuldet ist, uns aber freut. Die 30 Kilometer zurück nach Teheran wollen wir nicht fahren. Also richten wir uns auf einen endlosen Tag im Flughafen ein. Frühstück und Mittagessen solle es ja geben.

Wir kommen mit zwei in Hamburg lebenden Iranern ins Gespräch, von denen der eine infolge eines Unfalls im Rollstuhl sitzt. Beide sind ziemlich müde.

Plötzlich fragt ein Flughafenmitarbeiter nach den beiden Deutschen. Wir melden uns misstrauisch und erfahren, dass man uns im Transithotel unterbringen will. Wie kommen wir denn zu der Ehre? Einer der beiden Hamburger Iraner hat den Leuten von Iran Air einen Tipp gegeben, dass man sich vielleicht mal um die Gäste kümmern sollte. So landen wir alle vier im Transithotel und können ein wenig entspannen, bis man uns gegen 19 Uhr zum Boarding abholt.

Genau 12 Stunden später starten wir gen Deutschland. Dort angekommen, fährt natürlich kein Zug mehr nach Berlin. Wir übernachten bei Setareh. Am nächsten Morgen kommt sie mit nach Berlin. Zum Glück. Sechs Gepäckstücke für zwei Personen sind dann doch zu viel. Wir belagern ein Abteil im Zug, überfallen das erstbeste Großraumtaxi und kommen wohlbehalten wieder zu Hause an.

Im Jahr 2013 ereilt uns ein ähnliches Chaos. Nur dieses Mal verursachen wir einen größeren Rohrschaden im Haus unseres Freundes, der uns seine Wohnung in Teheran für ein paar Tage zur Verfügung gestellt hat. Er wird das vielleicht nie wieder tun. Dazu muss man wissen, dass die Abwasserrohre in Iran nur sehr dünn sind und Toilettenpapier, wie bei uns üblich, nicht in das Rohrsystem gelangen darf. Im Orient spült man sich nach dem Toilettengang mit Wasser ab. Nun ja, wir schaffen es, dass das gesamte Haus ein paar Tage ohne funktionierende Toilette und dann auch noch ohne Wasser ist. Wir können das Problem überbrücken, in dem wir bei befreundeten Iranern duschen.

Unser Rückflug mit Turkish Airlines über Istanbul ist entspannt. Wir warten sehnlichst darauf, wieder zu Hause unter die Dusche zu kommen. Leider hat in Istanbul der Flieger ein Problem. Noch eine Stunde warten, dann landen wir in Berlin.

UNESCO Welt-Kulturerbestätten

in IRAN

Zur Autorin:

Die Autorin wurde 1958 in Crimmitschau, einer kleinen Stadt in Sachsen geboren. In den 1980 Jahren studierte sie in Leipzig Journalistik und arbeitete zehn Jahre als Redakteurin in der Betriebszeitung eines Berliner Unternehmens.

Mit der Wende 1989 endete auch ihre aktive journalistische Tätigkeit. Eine neue berufliche Orientierung eröffnete ihr zugleich Kontakte zu in Deutschland lebenden und arbeitenden Menschen der unterschiedlichsten Nationen.

Der Zufall wollte es, dass bei ihr und ihrem Mann das Interesse für Iran geweckt wurde. Eine erste Reise im Jahr 2008 versetzte Verwandte und Freunde in helle Aufregung und führte dazu, dass sie mit Film, Foto und eine Unmenge an Eindrücken zurück nach Deutschland kamen. Nur für sich selbst und Freunde entstand das erste Iranreisetagebuch.

Es sollte nicht dabei bleiben. Frau Röschke begann Persisch zu lernen und sich mit der Kultur und Lebensweise der Iraner zu beschäftigen. Im Jahr 2011 machten sie und ihr Mann sich erneut auf den Weg nach Iran. Inzwischen gewonnene iranische Freunde übernahmen dieses Mal die Reiseleitung und zeigten ihnen nicht nur die schönsten historischen, sondern auch landschaftlich wunderschöne Gegenden.

Mit dem danach entstandenen zweiten Reisetagebuch und einem Filmbericht, der Iran von seiner privaten, ganz persönlichen und menschlichen Seite zeigte, versuchte das Paar auf vielen Veranstaltungen die Schönheit des Landes und vor allem die Herzlichkeit und Gastfreundschaft der Iraner zu vermitteln.

Im Jahr 2013 letztendlich sollte eine dritte Reise die noch fehlenden historischen und landschaftlichen Höhepunkte abrunden. Danach ist nun diese zusammenfassende Reisebeschreibung „IRAN selbst erlebt" entstanden. Sie enthält die wichtigsten historischen und einige der landschaftlich schönsten Orte, aber auch viele Städte Irans.

Letztendlich ist das Buch aber ein Dankeschön an die vielen Freunde, die ihr Iran, das Wesen und die Herzlichkeit der Iraner ans Herz wachsen lassen haben, aber zugleich auch eine Anregung und Aufforderung, Iran kennen zu lernen.

SCHLUSSBEMERKUNGEN

Plötzlich sind sie um, die Urlaubswochen in Iran. Die Zeit verging wie im Fluge. Wir waren drei Mal in einem der interessantesten und schönsten Länder dieser Erde, haben ca. 60 Städte gesehen und haben während unserer drei Reisen sicher mehr als 30.000 Kilometer kreuz und quer mit dem Flugzeug, der Bahn, dem Bus und dem Auto in Iran zurückgelegt. Natürlich will dieser Reisebereicht auch nicht den Anspruch auf Vollständigkeit in den historischen Details erheben. Es geht in erster Linie darum, die Vorurteile gegenüber einem Urlaub in Iran abzubauen. Wer sich selbst ein Bild von anderen Ländern und Kulturen machen und nicht nur am Strand seine Ferien verbringen will, der findet in Iran neben architektonischen Perlen auch Schönheiten der Natur, der wird herzlich und neugierig aufgenommen.

Wir haben fantastische Bauwerke gesehen, sind durch bunte und mit Waren überfüllte Basare gewandert, waren an landschaftlich beeindruckenden Orten, besuchten die Grabstätten berühmter Dichter, Philosophen und Naturwissenschaftler und fanden nicht zuletzt die vier Jahreszeiten im Land der Märchen aus 1001 Nacht.

Vor allem aber haben wir die Gastfreundschaft und sprichwörtliche Höflichkeit der Iraner genossen. Wir wurden überall mit viel Herzlichkeit und Wärme aufgenommen und fühlten uns stets geborgen und gut aufgehoben.
Es geht mir deshalb beim Erzählen unserer Erlebnisse vor allem darum, zu zeigen, dass die künstlich geschürte Angst vor einer Reise nach Iran unbegründet ist. Sicherlich muss man sich an ein paar Regeln halten. Doch das ist nicht nur in Iran so.

Wir bedanken uns an dieser Stelle ganz herzlich bei unseren Gastgebern, Freunden, Begleitern, aber auch bei denjenigen, die uns mit vielen guten Ideen dazu animiert haben, diese beeindruckenden und lange in Erinnerung bleibenden Erlebnisse in einem Buch zu erzählen.
Eines zum Schluss: Wir haben uns mit dem Virus Iran infiziert, haben Sehnsucht nach der Schönheit des Landes, vor allem aber der Herzlichkeit seiner Menschen.

Darum sagen wir:

KHODAHAFEZ IRAN – AUF WIEDERSEHEN IRAN!

Quelle der historischen Textstellen: Wikipedia
Iranreisen der Jahre 2008/2011/2013
® Text und Fotos: Andrea Röschke
Emailadresse: asroeschke@web.de
Homepage: www.asroeschke.de

Herausgeber: „Siggis-Videostudio"
mit Unterstützung des *Hafis Instituts;*
Verein für Kultur & Dialog in Berlin
Druck: *Alhoda-Verlag Teheran*
ISBN: 978-3-00-0289545

HAFIS INSTITUT

سرشناسه: روشکه، آندرئا Röschke, Andrea
عنوان و نام پدیدآور: Iran selbst erlebt/Andrea Röschke
مشخصات نشر: Tehran: Alhoda International Publishing Group, 2014=1293
مشخصات ظاهری: ۲۱۸ص: مصور؛ ۲۲×۲۹ س.م.
شابک: 978-964-439-667-0
وضعیت فهرست‌نویسی: فیپا
یادداشت: آلمانی.
آوانویسی عنوان: ایران...
موضوع: ایران ---- سیر و سیاحت ---- قرن ۱۴
موضوع: ایران ---- آثار تاریخی
شناسه افزوده: موسسه الهدی
شناسه افزوده: Alhoda International Publishing Group
رده‌بندی کنگره: ۱۳۹۳ ۹ الف ۹ ر ۱۶۶۵/ DSR
رده‌بندی دیویی: ۰۸۴۰۴۲/۹۵۵
شماره کتابشناسی ملی: ۳۵۹۳۷۲۵

Alhoda Internationalen Verlagsgruppe

IRAN
SELBST ERLEBT
Autorin: Andrea Röschke
Jahr der Herausgabe: 2014
Auflagenhöhe: 1000
ISBN: 978-964-439-667-0
Teheran: P.O.Box 14155-4363
www.alhodagroup.ir